DOMINAR LAS CRISIS DE ANSIEDAD

Una guía para pacientes

Pedro Moreno
Doctor en Psicología
Psicólogo especialista en Psicología Clínica

Julio C. Martín
Psicólogo especialista en Psicología Clínica

104

DOMINAR LAS CRISIS DE ANSIEDAD

Una guía para pacientes

17ª edición

Crecimiento personal
COLECCIÓN

Desclée De Brouwer

1ª edición: diciembre 2004
2ª edición: marzo 2005
3ª edición: abril 2006
4ª edición: enero 2007
5ª edición: enero 2008
6ª edición: octubre 2008
7ª edición: junio 2009
8ª edición: febrero 2010
9ª edición: febrero 2010
10ª edición: diciembre 2011
11ª edición: febrero 2013
12ª edición: febrero 2014
13ª edición: junio 2015
14ª edición: enero 2017
15ª edición: mayo 2018
16ª edición: febrero 2020
17ª edición: marzo 2022

Cualquier forma de reproducción, distribución, comunicación pública y transformación de esta obra sólo puede ser realizada con la autorización de sus titulares, salvo excepción prevista por la ley.
Diríjase a CEDRO (Centro Español de Derechos Reprográficos –www.cedro.org–), si necesita fotocopiar o escanear algún fragmento de esta obra.

© Pedro Moreno y Julio C. Martín, 2004

© EDITORIAL DESCLÉE DE BROUWER, S.A., 2004
  Henao, 6 - 48009 Bilbao
  www.edesclee.com
  info@edesclee.com

Imprese en España - Printed in Spain
ISNB: 978-84-330-1925-7
Depósito Legal: BI-904-2018
Impresión: Itxaropena S.A. - Zarautz

*A nuestros pacientes de ayer,
por todo lo que nos enseñaron.*

*A nuestros pacientes de mañana,
por todo lo que juntos lograremos.*

ÍNDICE

Nota de los autores 13
Agradecimientos 15
Prólogo. 17
Introducción 19

1. Primeros auxilios para las crisis de ansiedad y el
trastorno de pánico 23
   Lo que NO debes hacer 23
   Información básica sobre las crisis de ansiedad 25
   La hiperventilación, un elemento clave en el control
   de las crisis 35
   La relajación muscular y el control físico de la
   ansiedad. 40

2. Trastorno de pánico: Comprender las crisis de ansiedad 51
   Fisiología de la ansiedad y del miedo 53
   El miedo tiene grados. La ansiedad también 55
   ¿Por qué se producen las crisis? 57

¿Qué es lo que *no* puede pasar? Asfixia 64
¿Qué es lo que *no* puede pasar? Infarto. 65
¿Qué es lo que *no* puede pasar? Volverse loco 68
¿Puedo desmayarme? 69
¿Por qué sentimos ese deseo de escapar? ¿Por qué no podemos estar en sitios abiertos o cerrados? 71

3. Desencadenantes de las crisis de ansiedad. 75
   Algunos ejemplos reales. 76
   El modelo interactivo del estrés 77

4. "Cambiar el chip" ante la ansiedad 85
   La realidad *real* de la ansiedad 86
   Las distorsiones de la realidad en la ansiedad. 88
   Cómo "cambiar el chip" para dominar las crisis. 93

5. Dominar el miedo a las sensaciones corporales. 109
   El método científico para perder el miedo 110
   Perder el miedo, paso a paso. 114
   Un ejemplo, paso a paso. 125

6. Dominar la agorafobia 133
   Actividades y situaciones. 133
   Exposición a las situaciones. 139
   La escalera de caracol: exposición por peldaños 143
   La posición de espectador durante la exposición 152
   Algunos problemas frecuentes 153
   Tirarse a la piscina: exposición prolongada 157

7. Medicación para las crisis de ansiedad 161
   Ansiolíticos 163
   Antidepresivos ISRS 165
   Antidepresivos Tricíclicos 166
   Otros fármacos 168
   Algunas conclusiones y consejos importantes 168

ÍNDICE

8. Una vida plena y tranquila 173
   Vigila los niveles de estrés y tensión emocional 173
   Repasa una y otra vez la información sobre el
   trastorno de pánico 175
   Sigue practicando los ejercicios para "cambiar el chip". 176
   Las crisis se dominan plantándoles cara 177
   La agorafobia se controla con la práctica 178
   La medicación es un recurso para casos graves. 179
   Dominar las crisis de ansiedad es posible: muchos
   lo hacen ya. 179
   Pedir ayuda es de valientes 180

Lectura recomendada 181

Anexo. Sobre la eficacia de los tratamientos para el trastorno
de pánico. 183

NOTA DE LOS AUTORES

La información y los ejercicios propuestos deben entenderse como material educativo que puede ayudar al lector a dominar las crisis de ansiedad típicas del trastorno de pánico. Sin embargo, este manual práctico no debe emplearse para reemplazar el diagnóstico y el tratamiento de un profesional experto en salud mental.

Ansede.com: La web de la ansiedad
Para conseguir más información sobre las crisis de ansiedad y los trastornos de ansiedad puede visitar la página web en la que participa uno de los autores: *http://www.ansede.com*.

AGRADECIMIENTOS

Los autores de este libro estamos en deuda intelectual con el profesor David H. Barlow, de la *Boston University* (EE.UU.), por todo lo que hemos aprendido a través de su obra sobre los trastornos de ansiedad y el trastorno de pánico en particular. Sin duda, el Dr. Barlow es una de las figuras mundiales en el estudio de la naturaleza de la ansiedad y sus trastornos, siendo asimismo una referencia mundial en el desarrollo y validación de tratamientos psicológicos eficaces para estas dolencias. Agradecemos en especial su gran disponibilidad para responder a nuestras dudas sobre algunos aspectos de su obra y facilitarnos materiales de trabajo especializados no siempre fáciles de hallar fuera de su círculo de investigación. Su influencia se hace patente en nuestra práctica clínica y en cada uno de los capítulos de este libro, si bien pedimos al lector que atribuya los errores hallados única y exclusivamente a los autores.

Deseamos agradecer las contribuciones realizadas por los colegas, amigos y pacientes que aceptaron revisar algunos capítulos de las primeras versiones de esta obra. Aún a riesgo de olvidar algún nombre, expresamos nuestro agradecimiento a Paco Sánchez, Lilian Bermejo, Fulgencio Marín, Vanessa Hernández, Eva, Pruden, José Plácido y Charo. Vuestros comentarios y sugerencias nos han ayudado a expresar mejor nuestras ideas y consejos, no obstante, asumimos ante el lector los defectos que éste pueda hallar.

Agradecemos también la buena disposición hacia nuestra obra de Manuel Guerrero y Carlos Alemany. Es un placer trabajar con el equipo de Desclée De Brouwer, como ya constató uno de nosotros (Pedro) con su anterior libro *"Superar la ansiedad y el miedo: Un programa paso a paso"*, también publicado en esta colección.

PRÓLOGO

Hace ya más de 12 años que mi colega García-Sancho tradujo la entrevista diagnóstica de los trastornos de ansiedad ("Anxiety Disorders Interview Schedule – Revised", ADIS-R) de nuestro equipo de entonces de la Universidad de New York en Albany y el libro "Mastery your anxiety and panic" para aplicar el programa para el control del pánico y la ansiedad con pacientes españoles en un centro de salud mental. Me consta que, desde entonces, varios psicólogos clínicos han sido entrenados en la aplicación del programa, dándose la circunstancia de que ambos autores se conocieron en 1993 "vía New York" cuando el Dr. Moreno solicitó información sobre la entrevista ADIS-R y le puse en contacto con García-Sancho. La colaboración entre ambos ha dado lugar a este libro de auto-ayuda que tengo el placer de prologar.

En este libro se presentan las principales ideas y ejercicios que permiten dominar las crisis de ansiedad según se ha demostrado en sólidos estudios científicos, empleando para ello un lenguaje sencillo y directo fruto de su amplia experiencia con pacientes españoles con trastornos de ansiedad. Para dar la oportunidad de asimilar los conceptos explicados y lograr que sea un auténtico libro de auto-ayuda se recurre a la exposición de muchos ejemplos y casos reales de su propia práctica clínica, así como a los ejercicios, tareas para casa y auto-registros que prescriben a sus pacientes.

El libro proporciona información sobre qué son las crisis de ansiedad y el trastorno de pánico, cuál es el papel del estrés en las crisis de ansiedad y, lo más importante, qué técnicas puede aplicar el lector para dominar sus crisis de pánico, incluyendo información detallada sobre técnicas cognitivas, técnicas de exposición interoceptiva y de exposición para controlar la agorafobia. También incluye información actualizada sobre medicación para el trastorno de pánico.

Los doctores Moreno y García-Sancho están totalmente familiarizados con los tratamientos más actuales y con base empírica que existen hoy en el mundo para tratar las crisis de pánico y los trastornos de ansiedad relacionados, y los han aplicado en su práctica clínica durante años. En este libro presentan esta información de forma clara y concisa, lo que será de gran ayuda para los que sufren los estragos de las crisis de ansiedad fuera de control. Todo paciente y terapeuta que trate estos graves problemas debería tener un ejemplar de este provechoso libro.

David H. Barlow Ph.D
Professor of Psychology
Research Professor of Psychiatry
Director of Clinical Programs
Director, Center for Anxiety and Related Disorders
at Boston University

INTRODUCCIÓN

Cientos de personas acuden cada año a los servicios de urgencia creyendo que tienen un infarto o un derrame cerebral. Muchos acuden por haber sentido un malestar intenso parecido a la llamada de la muerte. Otros dudan sobre ir o no ir a urgencias porque sienten que podrían perder el control o volverse locos. El diagnóstico, la mayor parte de las veces, se limita a un escueto "crisis de ansiedad" o "crisis de angustia" y se remite al paciente a su centro de salud mental para tratamiento psicológico o psiquiátrico, según los casos. El tratamiento, la mayor parte de las ocasiones, consiste en tomar medicación ansiolítica o antidepresiva durante largas temporadas, a veces con la insinuación –muy discutible– de que "nada hay de malo en tomar medicación toda la vida, como el diabético que toma insulina". Sin embargo, durante los últimos veinte años se ha investigado mucho sobre el tratamiento psicológico de las crisis de ansiedad y se han logrado resultados que podríamos calificar de espectaculares, con mejorías significativas en siete u ocho de cada diez pacientes tratados con las nuevas psicoterapias.

El propósito del presente libro es ofrecer al paciente, a sus familiares y a todo lector interesado la información básica que debe disponer así como los ejercicios que pueden realizar para dominar las crisis de ansiedad de quienes padecen *trastorno de pánico,* un trastorno de ansiedad que también recibe el nombre de "trastorno de angustia" y que se caracteriza por el padecimiento de crisis de ansiedad espontáneas y el temor a sufrir nuevas crisis de ese tipo.

La información y los ejercicios propuestos se basan en las evidencias científicas de mayor calidad disponibles en el momento de su redacción, matizados por nuestra propia experiencia en el tratamiento psicológico de los pacientes que sufren trastorno de pánico y otros trastornos relacionados.

Este libro, por otro lado, NO pretende sustituir los consejos del médico ni del psicólogo, es más bien una fuente de información para saber qué se dice al paciente y qué tipo de ejercicios se le recomiendan en la terapia psicológica especializada para dominar las crisis de ansiedad. Tu psicólogo, si actualmente estás en tratamiento, podrá orientarte sobre la conveniencia de combinar los ejercicios presentados con otros que puedan ser de especial interés para tu caso particular.

El libro se divide en varios capítulos que deben leerse en el orden presentado, pues es la forma en la que habitualmente enseñamos estas técnicas a nuestros pacientes. No es conveniente adelantarse al capítulo que se está leyendo hasta no realizar todos los ejercicios que se indican en cada capítulo. El motivo es sencillo: si te vas a enfrentar progresivamente a tus temores, saltar un capítulo te va a presentar ejercicios para los que aún no estás preparado y esto puede reducir las esperanzas de dominar las crisis de ansiedad.

En el primer capítulo se presentan los primeros auxilios para la persona que sufre crisis de ansiedad. Brevemente, aportamos las principales ideas para que sepas en qué terreno te estás moviendo y, sobre todo, qué puedes hacer para no empeorar las cosas llevado por tu ansia –comprensible– de sentirte tranquilo cuanto antes. En este capítulo te mostramos dos ejercicios básicos para llegar a dominar las crisis de ansiedad: una técnica de relajación muscular progresiva y una técnica de respiración adecuada para prevenir la hiperventilación, un proceso respiratorio que se produce en muchas personas con crisis de ansiedad y que tiene un papel fundamental en este problema.

INTRODUCCIÓN

En el capítulo dos se presenta en detalle la información que debe saber una persona que sufre crisis de ansiedad sobre los mecanismos internos de dichas crisis, así como la información necesaria sobre enfermedades y procesos que suelen temer las personas con crisis de ansiedad pero que raramente ocurren. Es un capítulo que puede parecer bastante "teórico", pero la intención es que sepas qué ocurre realmente para facilitar la disipación de los miedos irracionales. En este capítulo entenderás por qué se producen las crisis de ansiedad y percibirás la falta de relación que hay entre dichas crisis y la posibilidad de morir de asfixia o de infarto o volverse loco.

En el capítulo tres se exponen los desencadenantes habituales de las crisis de ansiedad y su relación con el estrés. Aquí comprenderás por qué en un momento dado de tu vida ha aparecido este problema. Por otro lado, de cara a la prevención de futuras recaídas, este tema es de gran interés pues generalmente las recaídas ocurren a partir de nuevos episodios de estrés.

En el capítulo cuatro entramos en el campo de lo que técnicamente llamamos *terapia cognitiva*. Ahí se exponen las ideas principales sobre nuestro funcionamiento mental ante la ansiedad y qué podemos hacer para ganar control sobre nuestros pensamientos más negativos.

El capítulo cinco incorpora una serie de ejercicios basados en descubrimientos relativamente recientes sobre la terapia psicológica del trastorno de pánico y de las crisis de ansiedad. Aquí veremos la importancia de perder el miedo a las sensaciones corporales temidas: taquicardia, sensación de ahogo, opresión en el pecho, sensación de irrealidad o de volverse loco, etc. Se presenta un procedimiento graduado para perder el miedo a estos síntomas. No es recomendable que leas este capítulo hasta no haber leído los anteriores.

El capítulo seis trata sobre la agorafobia, un miedo típicamente asociado a las crisis de ansiedad y que básicamente está fundado en el miedo a experimentar crisis de ansiedad en sitios tales como: el sillón del dentista o del peluquero, supermercados y grandes almacenes, lugares muy concurridos, grandes espacios abiertos, espacios cerrados en los que resulta difícil escapar (ascensores, autobuses, trenes), etc.

En el capítulo siete tratamos la cuestión de la medicación en las personas que sufren crisis de ansiedad. Se revisa la eficacia real de los principales fármacos para el control de las crisis de ansiedad y se dan consejos específicos para las personas que actualmente están tomando medicación para combatir este problema.

El capítulo ocho ofrece, a modo de resumen general, las principales ideas que debemos retener y practicar para llevar una vida plena y tranquila, no limitada por el miedo a las crisis de ansiedad.

1

PRIMEROS AUXILIOS PARA LAS CRISIS DE ANSIEDAD Y EL TRASTORNO DE PÁNICO

Pedro Moreno

Si has sufrido una crisis de ansiedad, necesitas conocer cuanto antes la información clave para comenzar a dominar esas crisis y evitar su reaparición. También es necesario que aprendas algunos ejercicios sencillos que te ayudarán a ir ganando control desde el principio sobre tus síntomas. A esto dedicamos este capítulo.

Lo que NO debes hacer

Si estás preocupado por la posibilidad de sufrir una crisis de ansiedad existen una serie de recomendaciones básicas que debes seguir:

- **Evita hablar en voz alta o más rápido de lo habitual.** Habla en voz baja y despacio, procurando mantener un ritmo que no fuerce tu respiración. Hablar alto o rápido facilita la hiperventilación y puede desencadenar crisis de ansiedad.
- **Evita el consumo de cafeína y otros excitantes.** El café, las bebidas de cola, el chocolate, el té, las bebidas "energéticas", son algunos productos de consumo habitual que pueden aportar excitantes suficientes para desencadenar una crisis de ansiedad.

- **Evita el consumo de azúcar.** El consumo de caramelos, refrescos azucarados y otros productos con alta concentración de azúcar puede provocar crisis de ansiedad en personas sensibles al descenso de los niveles de azúcar en sangre.
- **Evita comer rápido.** Comer rápido facilita que se produzca la hiperventilación, un proceso muy relacionado con el sufrimiento de crisis de ansiedad.
- **Evita bostezar o suspirar.** Los bostezos y los suspiros pueden producir una caída brusca del nivel de anhídrido carbónico en sangre y facilitar así la aparición de una crisis de ansiedad.
- **Evita dormir poco**. Dormir menos de lo habitual favorece la aparición de estados de irritación y estrés que indirectamente pueden dar lugar a la aparición de crisis de ansiedad.
- **Evita el sedentarismo.** La práctica moderada de ejercicio físico tiene un efecto beneficioso sobre los niveles de estrés y reduce la posibilidad de desarrollar crisis de ansiedad.
- **No te automediques.** Si tienes crisis de ansiedad y crees que necesitas medicación, no la tomes por tu cuenta, sin consultar con tu médico. Si ya estás tomando medicación, no modifiques las dosis que estás tomando sin consultarlo previamente con tu médico. *En ningún caso abandones una medicación bruscamente sin la autorización de tu médico.*
- **Revisa la distribución de tu tiempo.** La vida no es sólo trabajar. Procura establecer un reparto equilibrado de tu tiempo entre el trabajo, la familia, los amigos y tus aficiones, dejando el tiempo suficiente para dormir. La mala distribución de los tiempos te hace más vulnerable al estrés y te predispone a sufrir crisis de ansiedad. Si cambiar la distribución de tu tiempo resulta un problema en sí mismo, tal vez sea necesario revisar tu filosofía de la vida. Cada uno otorgamos distintos valores a los principales aspectos de la vida y en ocasiones se produce un desajuste entre lo que realmente valoramos como importante y aquello a lo que dedicamos más tiempo.

- **Elimina el consumo de drogas.** Determinadas drogas como las anfetaminas, la cocaína y otros estimulantes producen un deterioro importante de la calidad de vida personal y familiar, además de provocar crisis de ansiedad con una gran facilidad. Si consumes sustancias de este tipo es aconsejable ponerse en manos de un médico y un psicólogo especializados en drogodependencias y así reducir la dependencia física y eliminar la dependencia psicológica, que son los dos pilares fundamentales del abandono definitivo de la droga. El manejo de las crisis de ansiedad puede realizarse una vez controladas las adicciones o bien de modo simultáneo. Rara vez se logran dominar las crisis de ansiedad sin haber controlado previamente las adicciones.

Información básica sobre las crisis de ansiedad

> **Idea clave:** La ansiedad es desagradable o molesta, pero no es dañina o peligrosa. La ansiedad, por sí sola, no provoca infartos, ni derrames cerebrales ni provoca la locura.

La falta de información adecuada tras las primeras crisis de ansiedad es uno de los motivos por los que dichas crisis llegan a convertirse en un importante problema de salud mental. No basta con saber que se tiene "sólo ansiedad", como se suele indicar en los servicios de urgencia cuando se acude por este motivo. Saber cuál es la naturaleza de este fenómeno, cuáles son sus consecuencias, y qué tratamientos de los disponibles son los más útiles a medio y largo plazo, es una buena forma de iniciar el camino para dominar las crisis de ansiedad, impidiendo que se hagan crónicas y que se compliquen con la aparición de fobias invalidantes y cuadros graves de depresión.

Veamos con más detalle qué respuesta podemos dar, de entrada, a las diez preguntas que más frecuentemente formulan las personas con crisis de ansiedad. En posteriores capítulos volveremos sobre alguna de estas cuestiones, para profundizar en más explicaciones y sugerencias.

¿Qué es una "crisis de ansiedad"?

Una *crisis de ansiedad* es una respuesta repentina de miedo o malestar intenso, que llega a su pico máximo en cuestión de minutos (uno o dos, generalmente menos de diez minutos) y que se manifiesta por cuatro o más de los siguientes síntomas:

a. Palpitaciones, sacudidas del corazón o elevación de la frecuencia cardiaca
b. Sudor abundante
c. Temblores o sacudidas
d. Sensación de ahogo o falta de aliento
e. Sensación de atragantarse
f. Opresión o malestar en el pecho
g. Náuseas o molestias abdominales
h. Inestabilidad, mareo o desmayo
i. Sensación de irrealidad (desrealización) o de estar separado de uno mismo (despersonalización)
j. Miedo a perder el control o volverse loco
k. Miedo a morir
l. Sensación de entumecimiento u hormigueo
m. Escalofríos o sofoco

Cuando las crisis de ansiedad se presentan de forma inesperada y ocasionan miedo a la repetición de dichas crisis estamos ante un trastorno de ansiedad denominado *trastorno de pánico*. Con el tiempo, sufrir crisis de ansiedad inesperadas en determinados lugares (supermercados, ascensores, autobuses, etc.) puede dar lugar a una evitación fóbica de ese tipo de lugares, es lo que denominamos *agorafobia*.

Generalmente el hecho de sufrir una crisis de ansiedad en alguna situación determinada puede predisponer a desarrollar un temor a esas situaciones. Así, si me da una crisis de ansiedad en un supermercado, es muy fácil desarrollar cierta predisposición a sufrir nuevas crisis en el supermercado. Posteriormente es probable sentir miedo ante la sola idea de ir al supermercado. En mi cabeza se forma una conexión "supermercado-crisis de ansiedad" que difícilmente se rompe por sí sola. De hecho lo normal es que, si no hacemos nada para solucionarlo, con el tiempo esa conexión incluso se fortalezca, aunque no se vaya al supermercado. El paciente que evita ir al supermercado tiende a pensar: "No me ha dado la crisis porque no he ido; eso me ha librado esta vez". Y así se fortalece su miedo al supermercado.

Típicamente la persona con crisis de ansiedad puede desarrollar miedo a una o varias de las siguientes situaciones:

- Salir a la calle
- Ir al supermercado o grandes almacenes
- Viajar en autobús, coche o avión
- Sentarse en el sillón del dentista o del peluquero
- Utilizar ascensores
- Hablar en público
- Hacer deporte o mantener relaciones sexuales
- Oír la palabra "esquizofrenia" o "locura"

La lista no incluye todos los miedos posibles, pero sí algunos de los más frecuentes. En realidad, como las crisis de ansiedad se presentan de forma inesperada, es relativamente sencillo que se asocie el miedo con cualquier situación en la que ocurra o se repita alguna crisis de ansiedad.

¿Por qué me dan la crisis de ansiedad?

La crisis de ansiedad suele ser un "síntoma" de otros problemas no resueltos. ¿Qué problemas "no resueltos" son esos? Hay personas con dificultades para manejar sus relaciones con los demás. Otras personas se involucran en el trabajo en un nivel agotador, más allá de lo justificado. Algunas personas se mantienen en situaciones personales que internamente viven como insufribles... En realidad, son muchos y variados los problemas sin resolver que pueden dar la cara como una crisis de ansiedad. El elemento común que presentan todas estas personas es la vivencia de un estrés personal elevado.

Ese estrés personal, unido a una cierta predisposición familiar, es la causa de las crisis de ansiedad. Generalmente las personas que experimentan crisis de ansiedad cuentan con antecedentes familiares de ansiedad en padres, tíos, abuelos o hermanos. Debemos entender que se heredan ciertas características físicas relacionadas con la reacción ansiosa, pero también se aprende a vivir y a relacionarse con los síntomas de ansiedad de forma similar. No es cuestión de entrar aquí en el debate eterno herencia/aprendizaje, se trata de ser conscientes de que existe la vulnerabilidad o predisposición a padecer problemas de ansiedad y de que esa vulnerabilidad tiene raíces en lo biológico y raíces en la tradición cultural y de la familia.

Finalmente, un tercer componente necesario para que ocurra la crisis de ansiedad es algún contacto con información que facilita la interpretación catastrófica de las sensaciones corporales. Muchos de mis pacientes han oído que un vecino se "volvió loco y lo encerraron", o que "tuvo un dolor fuerte en el pecho y lo ingresaron prácticamente muerto de un infarto", o que "le dio un dolor de cabeza fuerte y resultó ser un derrame cerebral".

Cuando una persona sufre estrés y tiene antecedentes familiares de ansiedad, tan sólo es necesario que surja una interpretación catastrófica de las sensaciones de la ansiedad para que salte la chispa de la crisis de ansiedad. Por eso "dan" las crisis de ansiedad.

¿Me puede dar un infarto?

No. Al menos no *debido* a la ansiedad. Un infarto de miocardio (o ataque cardiaco) se presenta cuando un área del corazón muere o se lesiona permanentemente debido a la falta de oxígeno en esa área. La mayoría de los ataques cardíacos son provocados por un coágulo que bloquea una de las arterias coronarias (los vasos sanguíneos que llevan sangre y oxígeno al corazón). Por lo general, el coágulo se forma en una arteria coronaria que presenta un estrechamiento previo causado por la acumulación de grasas. El coágulo en la arteria coronaria interrumpe el flujo de sangre y oxígeno al corazón, lo que lleva a la muerte de las células cardíacas en esa zona. El músculo cardíaco dañado pierde permanentemente la capacidad de contracción y el resto del músculo necesita compensar esa pérdida.

En raras ocasiones, el estrés súbito abrumador, por ejemplo un susto grave o una noticia muy negativa e inesperada, puede desencadenar un ataque cardíaco, sin embargo, los factores de riesgo para sufrir un ataque cardíaco son:

- Fumar
- Hipertensión (presión arterial elevada)
- Dieta alta en grasa
- Niveles altos en colesterol
- Diabetes
- Sexo masculino
- Edad
- Factores hereditarios

El dolor en el pecho, por debajo del esternón, es el síntoma principal de un infarto cardiaco, pero en muchos casos el dolor puede ser sutil o incluso inexistente, sobre todo en los ancianos y los diabéticos. El dolor puede extenderse a la espalda y al abdomen. También puede percibirse que el dolor se irradia al pecho, los brazos, los hombros, el cuello, los dientes, la mandíbula. Es un dolor prolongado, que suele durar más de 20 minutos. Es un dolor que no se alivia con el descanso (en la angina de pecho sí se alivia el dolor con el reposo). Los pacientes que sufren infartos suelen describir el dolor como una indigestión severa, como una gran presión o una banda que le aprieta el pecho o como "algo pesado" que les aplasta el pecho.

Además del dolor, pueden predominar otros síntomas como debilidad, dificultad para respirar, tos, mareo, atontamiento, desmayo, sudoración abundante, boca seca, sensación de muerte inminente, náuseas y vómitos.

Leyendo la descripción de los síntomas del infarto cardiaco es relativamente sencillo pensar que se pueden confundir con los síntomas de la crisis de ansiedad, sin embargo existen diferencias importantes:

por ejemplo, en las crisis de ansiedad el dolor no suele ser aplastante ni de larga duración, más bien suele ser un dolor punzante y de corta duración, aunque se presente como pinchazos o punzadas repetidas.

No obstante, ante la duda, sobre todo las primeras veces, es conveniente que un médico descarte la presencia de anomalías cardiacas.

A partir de ahí es necesario concienciarse de que el cuerpo está preparado para reaccionar de forma ansiosa y que por eso la ansiedad, en sí misma, no es dañina. Otra cuestión distinta es mantener un ritmo de vida estresante y agotador, que generalmente invita a comer mal, beber alcohol y fumar. Ese ritmo de vida acompañado de los hábitos tóxicos, de mantenerse durante años, sí podría conducir a un infarto. Una crisis de ansiedad, o mil crisis de ansiedad, por sí solas, no pueden producir ningún taponamiento que dé lugar al accidente cardiaco.

¿Puedo tener un derrame cerebral, una embolia o una trombosis?

No. La ansiedad es una respuesta normal del organismo que no es dañina ni peligrosa por sí misma. Un derrame cerebral se produce al reventar una arteria del cerebro. Dichas roturas pueden deberse a un *aneurisma* (una bolsita que se forma a partir de una zona fina y débil de la pared arterial) o a una malformación congénita del sistema circulatorio cerebral. Las hemorragias pueden producirse dentro del propio cerebro o en el espacio que media entre el cerebro y la membrana protectora exterior.

La *embolia* es un bloqueo de una arteria del cerebro o del cuello por un coágulo. Los coágulos pueden ser coágulos sanguíneos que se forman en otra parte del organismo (por lo general en el corazón) y que se trasladan al cerebro, o pueden ser pequeños desprendimientos de los depósitos grasos que revisten las arterias. Y la ansiedad no tiene nada que ver en el origen del coágulo de sangre.

Y, finalmente, tenemos la *trombosis*, que es el estrechamiento progresivo y bloqueo eventual de una arteria del cerebro o del cuello, por lo general debido a la acumulación de colesterol y depósitos grasos. Y las crisis de ansiedad tampoco tienen que ver con el origen del estrechamiento de las arterias que facilita la acumulación de colesterol y grasas.

Estos accidentes cerebro-vasculares están muy relacionados con la dieta rica en grasas, el sobrepeso, la hipertensión arterial y el consumo de tabaco. El riesgo de padecer un accidente de este tipo se duplica cada diez años a partir de los 55 años. Las crisis de ansiedad no aumentan el riesgo de sufrir estos accidentes cerebro-vasculares.

¿Puedo perder el control o volverme loco?

No. Las crisis de ansiedad pueden acompañarse de síntomas de desrealización o despersonalización, que resultan muy desagradables para algunas personas. Estos síntomas se presentan como una sensación de extrañeza ante uno mismo o su realidad cotidiana. El paciente se ve raro, distinto, como desconocido pero al mismo tiempo familiar. Sabe que es él mismo pero no se ve ni se siente a sí mismo como siempre. Estas sensaciones también las puede tener con respecto a su ambiente cotidiano. Su calle de toda la vida le parece distinta, extraña, cambiada, pero sabe que sigue siendo la misma. Algunos pacientes llegan a experimentar una especie de distanciamiento de sí mismos. En todo caso el paciente nunca pierde el contacto con la realidad: sabe quién es él y dónde está. Sin embargo, la extrañeza de las sensaciones le hace cuestionarse seriamente su estado de salud mental. Se ve "normal", pero a punto de enloquecer, a punto de perder el control.

El miedo a enloquecer o perder el control a partir únicamente de este tipo de experiencias carece de fundamento. La locura, o los *trastornos psicóticos* (como se le llama actualmente), son un grupo amplio de trastornos que suelen tener unos antecedentes familiares determinados. Podríamos decir que no se vuelve loco el que quiere, sino el que tiene los antecedentes familiares suficientes. Los trastornos que pueden desarrollar síntomas psicóticos (p.e., la esquizofrenia o el trastorno bipolar) tienen unas tasas de heredabilidad superiores al 50%.

Eso significa que generalmente en la familia ya hay personas que han desarrollado esas enfermedades mentales, que suelen requerir en algún momento de su evolución de internamiento en centros psiquiátricos. Por tanto, si tienes dudas sobre la posibilidad de enloquecer lo primero que debes hacer es investigar tu árbol genealógico. Averigua si en algún momento un hermano, padre, madre, tíos o abuelos ha sido ingresado por motivos psiquiátricos. Si ha ocurrido esto, trata de averiguar qué diagnóstico tuvo. No siempre se interna a los pacientes por la presencia de trastornos psicóticos. Si no tienes ningún familiar con diagnóstico de este tipo y no consumes drogas, la probabilidad de desarrollar un trastorno psicótico o "volverte loco" es inferior al uno por ciento. La probabilidad de que desarrolles un trastorno psicótico a partir de las crisis de ansiedad es prácticamente nula.

¿De verdad que sólo tengo ansiedad?

Sí. Si te han dicho en un servicio de urgencias que tienes una "crisis de ansiedad", es altamente probable que sea cierto, aunque te lo hayan dicho rápido o de mala gana (este tipo de consultas en urgencias, sobre todo cuando se repiten, no suele agradar demasiado a determinados profesionales). En ocasiones se realizan exámenes físicos completos para descartar anomalías cardiacas y alguna que otra prueba complementaria, pero generalmente es suficiente con tu relato de los síntomas para que un médico o un psicólogo medianamente experimentado pueda hacer un diagnóstico correcto de tu crisis de ansiedad. Otra cosa distinta es decir que "como tienes ansiedad" no tienes nada o eso se curará tomando sólo alguna medicación. En algunos casos sí te puedes llegar a sentir mejor sólo con medicación, pero generalmente es más fácil recaer en las crisis de ansiedad cuando se abandona la medicación que tras un tratamiento psicológico adecuado.

¿Esto se cura?

Sí, si pones de tu parte. Siguiendo un tratamiento psicológico especializado para el dominio de las crisis de ansiedad, siete u ocho de cada diez pacientes mejoran de forma significativa. Pero no hay que dejarse engañar. La mejoría no es una autopista hacia el cielo. La mejoría no es lineal, sino más bien como una especie de baile con pequeños y grandes avances que van salpicándose con algún que otro retroceso. Esto es normal. Por otro lado, nadie está anímicamente igual todos los días: unos días se está más contento, más optimista, más tranquilo y relajado, y otros días te puedes sentir un poco abatido, cansado o más irritable. Un mal día lo tiene cualquiera, también una persona que sufre crisis de ansiedad. Muchas veces los pacientes se olvidan de que son personas como las demás, con sus días buenos y sus días malos. Lo que ocurre a veces, es que el paciente que sufre crisis de ansiedad tiende a hacer una montaña de cualquier pequeño retroceso, sin pensar que tan sólo puede ser un día malo que cualquiera puede tener.

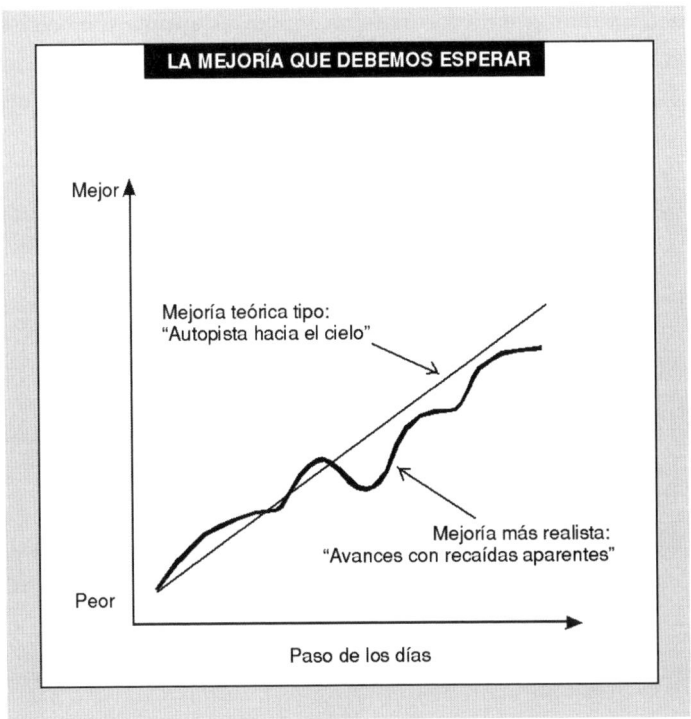

¿Tengo que tomar medicación?
No, como primera alternativa. Si nunca has tomado medicación para las crisis de ansiedad es mejor intentar primero un tratamiento psicológico especializado sin tomar medicación. Si ya estás tomando medicación para las crisis de ansiedad de forma habitual, debes tener presente la necesidad de ir combinándola con un tratamiento psicológico que te enseñe a dominar las crisis de ansiedad de modo natural. Conforme ganes control sobre tus crisis el médico podrá reducirte la medicación.

Cuando es preciso utilizar medicación, ésta debe utilizarse el tiempo estrictamente necesario, ni un minuto más. Según vayas siendo capaz de afrontar el día a día con algo menos de medicación, es el momento de visitar a tu médico para que te reduzca gradualmente la medicación. La ansiedad es una emoción normal que nos va a acompañar mientras vivamos, en unos momentos con más intensidad y en otros momentos sólo bajo determinadas circunstancias, por tanto es inteligente marcarse la meta de aprender a dominar la ansiedad sin recurrir a fármacos de forma permanente, en la medida de lo posible.

¿En qué consiste el tratamiento psicológico?
Las crisis de ansiedad se pueden tratar de múltiples formas. No obstante, existen pruebas científicas de que el tratamiento más eficaz para las crisis de ansiedad es el que incluye los siguientes elementos:

- Entrenamiento en control de la hiperventilación.
- Entrenamiento en técnicas de relajación.
- Entrenamiento en técnicas para mantener bajo control los pensamientos que disparan el pánico o, como lo denominamos los psicólogos, *técnicas de reestructuración cognitiva*.
- Entrenamiento en técnicas de exposición ante los síntomas y las situaciones temidas.

En cada caso particular podrá hacerse más hincapié en uno u otro de estos elementos, e incluso se podría necesitar recurrir a técnicas de terapia de pareja o de otro tipo, según los casos. Lo característico de una terapia dirigida a dominar las crisis de ansiedad es que se parece mucho a un entrenamiento deportivo: se enseñan técnicas al paciente y luego hay que aplicarlas en casa para dominar, en el día a día, los síntomas de la ansiedad.

¿Sustituye este libro al consejo de un psicólogo?

No. Este libro complementa y refuerza la terapia con el psicólogo, pero no la puede sustituir. Si tienes dudas sobre tu estado de salud mental, consulta con un psicólogo de tu confianza. Él te orientará sobre qué te ocurre y cómo puedes hacerle frente. Si el problema principal es la presencia de crisis de ansiedad o el temor a que se repitan, la información y los ejercicios contenidos en este libro pueden ser de gran utilidad.

La hiperventilación, un elemento clave en el control de las crisis

> **Idea clave:** Evita gritar, comer rápido, bostezar y suspirar. Habla de forma pausada, en voz baja y con un ritmo regular. De este modo comenzarás a controlar la hiperventilación, que es la causa principal de los mareos, los sofocos y los dolores y pinchazos en el pecho de naturaleza ansiosa. La hiperventilación también puede provocar sensaciones de hormigueo en piernas o brazos y sensaciones de inestabilidad o vértigo. Finalmente, las sensaciones de extrañeza o distancia ante nosotros mismos o respecto de la realidad cotidiana –uno de los síntomas más angustiosos que a veces se asocian a estos cuadros– también encuentran su explicación en la hiperventilación.

La respiración tiene un papel muy importante en el desarrollo y mantenimiento de las crisis de ansiedad inesperadas. La respiración está muy relacionada con las emociones, por eso se acelera o se calma en función de nuestro estado emocional. Cuando estamos nerviosos la respiración tiende a aumentar su ritmo; cuando estamos tranquilos la respiración se hace tranquila y relajada, casi imperceptible. Cuando dormimos la respiración se hace profunda y abdominal. En los estados de estrés y ansiedad es típico que la respiración se haga rápida, superficial y torácica (con la parte superior del pecho).

Definimos la *hiperventilación* como el aumento en la tasa de respiración por encima de las necesidades de oxígeno del organismo, en un momento dado. Esto provoca un descenso proporcional del anhídrido carbónico en la sangre que, a su vez, genera cambios funcionales en el organismo. La bajada de anhídrido carbónico produce, paradójicamente, una disminución de oxígeno en determinadas zonas del cerebro para favorecer el aumento de la capacidad del organismo para responder ante una amenaza real: los músculos se tensan, el corazón late rápido, la sangre va hacia las extremidades y se refuerza la reacción más primitiva de supervivencia, el miedo. Como efecto colateral tenemos que la hiperventilación genera cansancio general, taquicardia, sensación de mareo e inestabilidad y la sensación de que la realidad o uno mismo resulta extraño o raro, síntomas que son inofensivos pero muy desagradables. Todos estos síntomas asociados a la hiperventilación pueden agruparse del siguiente modo:

- *Síntomas centrales:* Mareo, confusión, sensación de ahogo, visión borrosa y sensación de irrealidad.
- *Síntomas periféricos:* Aumento del número de latidos del corazón, hormigueos y pinchazos en las extremidades, escalofríos, rigidez muscular, manos frías y húmedas.
- *Síntomas generales:* Sensación de calor, sofoco, sudor, cansancio y opresión o dolor en el pecho.

Para que se produzcan los síntomas de la hiperventilación es necesario que la persona esté tomando más oxígeno del que necesita en ese momento. Esto puede ocurrir por una respiración superficial y rápida, o por la realización de una o dos respiraciones de más en cada hora.

En el capítulo siguiente entraremos en más detalle sobre qué ocurre en nuestro cuerpo cuando se prepara para hacer una crisis de ansiedad. Ahora nos limitaremos a poner de relieve la importancia que tiene el control adecuado de la respiración de cara a dominar las crisis de ansiedad.

Hagamos un pequeño ejercicio para estudiar tu sensibilidad a la hiperventilación. Siéntate en un sillón y comienza a respirar tan rápido como puedas durante dos minutos. Toma aire y suéltalo tan rápido como sea posible, como si estuvieras hinchando un globo. Una vez transcurrido el tiempo, cierra los ojos. Si no has notado nada, continúa durante dos minutos más con la respiración rápida y superficial, soltando el aire de la forma más abrupta que sea posible. Si has notado los síntomas de la hiperventilación (mareo, sensación de extrañeza, opresión en el pecho, etc.), recuerda que para eliminarlos tan sólo hay que consumir el exceso de oxígeno que has tomado. Para ello basta con dar algunos saltos enérgicos o respirar pausadamente dentro de una bolsa de plástico hasta notar que descienden las sensaciones provocadas.

Las personas sensibles a la hiperventilación suelen experimentar muchos de los síntomas que tienen en sus crisis de pánico: sensación de ahogo, sofoco, dolor en el pecho y, sobre todo, mareo o vértigo. Algunos pacientes llegan a sentir los síntomas de la desrealización y la despersonalización cuando practican ese ejercicio, sintiéndose raros y distanciados de sí mismos o del entorno.

No obstante, no todas las personas sensibles a la hiperventilación llegan a experimentar sus síntomas cuando hacen el ejercicio. No saber de dónde vienen los síntomas los hace más terroríficos para muchas de estas personas y, obviamente, cuando se practica este ejercicio sí se sabe de dónde vienen las sensaciones.

Necesitamos respirar, pero un exceso de inspiraciones aumenta el nivel de oxígeno en la sangre y disminuye el nivel de anhídrido carbónico. Nuestro cerebro utiliza el nivel de anhídrido carbónico para regularse, por lo que cuando disminuye ese nivel, disminuye ligeramente el nivel de oxígeno en el cerebro –lo que produce los síntomas centrales– y disminuye el volumen de sangre en algunas partes del cuerpo –lo que produce los síntomas periféricos–. Si en ese momento saliéramos corriendo, como hacían los humanos primitivos ante los depredadores, todo el exceso de oxígeno sería muy útil para la fisiología del cuerpo, facilitando la máxima capacidad de huida.

Los síntomas generales de la hiperventilación no tienen utilidad para facilitar la huida, pero son consecuencia normal de un esfuerzo como el que supone la respiración forzada y superficial. La opresión o dolor del pecho se produce por fatiga de los músculos de la respiración.

Es importante aclarar que todos estos síntomas de la hiperventilación son completamente inofensivos y que, en cierto modo, tienen un valor adaptativo cuando estamos ante un peligro real.

Estableciendo una respiración apropiada

La meta es sencilla: tomar el nivel justo de oxígeno y no expulsar el anhídrido carbónico demasiado rápido. La vía para conseguir la meta no es tan sencilla, pues es necesario reeducar la respiración para lograr el objetivo. También es necesario evitar conductas que pueden hacer descender demasiado rápidamente los niveles de anhídrido carbónico:

- Suspirar
- Bostezar
- Hablar alto
- Hablar rápido
- Gritar
- Comer rápido

El primer paso para establecer una respiración adecuada consiste en prestar atención a nuestra forma de hablar, comer, respirar y si tendemos o no a suspirar o bostezar. Trata de comer despacio, saboreando cada cucharada y hablando sólo después de comer completamente cada bocado. Procura no gritar ni hablar alto. Habla en voz baja y de forma pausada, con ritmo. Y por supuesto evita suspirar o bostezar, sobre todo evita los suspiros rápidos y profundos, así como los bostezos a boca suelta.

Para controlar la respiración cuando no hablamos, comemos, bostezamos o suspiramos, el primer paso es comenzar centrando la atención en cómo respiramos. Al principio no intentes controlar la respiración, ni trates de hacerla más lenta. Es mejor que comiences concentrando toda tu atención en cómo respiras durante unos diez minutos, dos veces al día. Concéntrate y cuenta las inspiraciones. Con cada expiración, di mentalmente una palabra que te tranquilice, por ejemplo "tranquilo" o "calmado".

Si te vienen otros pensamientos, trata de no prestarles atención y concéntrate en cómo respiras. Contar las inspiraciones y decir mentalmente "tranquilo" con cada expiración te puede ayudar a no pensar en otras cosas. Si no logras concentrarte en la respiración por los pensamientos que te vienen, no luches contra ellos, acéptalos y dirige tu atención en la medida de lo posible a cómo respiras.

Cuando ya te resulte sencillo concentrar tu atención en la respiración podemos dar un paso más. Con una mano en el pecho y otra un poco más abajo (sin tapar el ombligo), trata de realizar el ejercicio de contar las inspiraciones, pero esta vez procurando que sólo se mueva la mano inferior. Recuerda que la respiración abdominal es la respiración de la relajación. Y eso lo conseguirás si no mueves la mano que tienes sobre el pecho; si sólo mueves la mano situada sobre el abdomen.

Cuando hayas logrado un nivel de concentración y una facilidad de respiración suficiente, podemos dar un paso más hacia el control de la respiración. Llega ahora el momento de controlar el ritmo de respiración. El objetivo es hacer unos 10 ciclos de inspiración-expiración cada minuto. Esto significa inspirar durante aproximadamente 3 segundos y expirar durante otros 3 segundos.

Al principio puedes sentirte un poco agobiado por este control de la respiración, e incluso es posible que experimentes sensación de ahogo. Esto es normal. La reeducación de la respiración debe realizarse de forma gradual y permisiva para no sentir molestias.

La relajación muscular y el control físico de la ansiedad

> **Idea clave:** La práctica diaria de la relajación te ayuda a prevenir la aparición de nuevas crisis de ansiedad. La relajación es de poca ayuda cuando ya estás sufriendo una crisis de ansiedad, pero su efecto se va acumulando en el cuerpo y se nota a partir de tres o cuatro semanas de práctica diaria, reduciendo muchos de los síntomas de la ansiedad.

Existe una relación importante entre los músculos del cuerpo humano y la tensión emocional que vive una persona que sufre crisis de ansiedad. Al fin y al cabo, debe haber una buena conexión entre el sistema de alarma que representa la ansiedad y los músculos de las piernas, sobre todo si es necesario salir corriendo ante algún peligro inminente.

Cuando estamos preocupados o anticipamos peligros (sean reales o imaginarios) nuestro cuerpo se carga de tensión de forma automática. Es una especie de reflejo que nos queda desde la era cavernícola. En aquellos tiempos era importante salir corriendo cuando se *intuía* que un depredador estaba al acecho. Uno no podía quedarse meditando sobre el significado real de unas pisadas cautelosas entre la maleza. Tenía dos opciones: salir corriendo o exponerse a servir de almuerzo. A veces, cuando no había escapatoria, tenía que enfrentarse cara a cara con el depredador y sólo tenía, de nuevo, dos opciones: luchar o desmayarse –algunos depredadores no se alimentan de animales que parecen muertos–. En realidad, nosotros somos los descendientes directos de quienes sobrevivieron a los depredadores y demás peligros *reales* de aquellos tiempos remotos.

Para nuestros ancestros fue una ventaja evolutiva que tuvieran la capacidad de preocuparse, pues esto les preparaba para luchar, huir o desmayarse ante los peligros, pero hoy en día ya no es tanta ventaja reaccionar así ante peligros que no son reales.

La preocupación continua se transforma en tensión muscular y el resto de síntomas físicos de la ansiedad. Esa tensión no se libera porque no luchamos, ni huimos ni nos desmayamos. Y tampoco es socialmente recomendable reaccionar de ese modo ante la tensión.

Afortunadamente, aprendiendo a reconocer la tensión muscular podemos relajar los músculos a voluntad. Mediante la relajación muscular es posible reducir o eliminar los síntomas físicos de la ansiedad que se presentan a diario.

La técnica que solemos enseñar a nuestros pacientes deriva de la *relajación muscular progresiva de Jacobson.* Consiste en practicar una serie de sencillos ejercicios de tensión y relajación muscular. Al principio, el objetivo que perseguimos con estos ejercicios no es tanto lograr la relajación muscular sino aprender a diferenciar los estados de tensión muscular de los estados de relajación. Generalmente no somos muy conscientes de qué zonas de nuestro cuerpo están crónicamente tensas, y es precisamente esa tensión crónica la que crea la sensación de malestar.

Es muy importante tener presente que necesitamos practicar al menos dos semanas para comenzar a sentir cierta relajación muscular. Esto puede parecer un inconveniente, especialmente cuando las píldoras para la ansiedad producen una relajación muscular en pocos minutos. En cierto modo sí es un inconveniente, pero el principal inconveniente es que muchas personas –que podrían lograr una relajación profunda– no tienen la paciencia para esperar ese tiempo. Los beneficios son muchos. Aprender a relajarse es algo que nunca se olvida, como el montar en bicicleta. Por tanto, una vez que sabemos relajarnos no dependemos de tomar ninguna pastilla para sentirnos bien. El gran inconveniente de las pastillas para la ansiedad es que cuanto más se toman, menos efecto hacen, porque el cuerpo se acostumbra a ellas.

El Cuadro 1 presenta la trascripción de un CD de relajación que a veces entrego a mis pacientes. Para aprender la técnica puedes pedir que otra persona te lea ese texto o bien tú mismo lo puedes grabar en una cinta para escucharlo. Ten presente que es muy importante respetar los tiempos necesarios para sentir la tensión y la relajación en los músculos. Aproximadamente, debes dejar unos cinco segundos para producir la tensión y unos 20 o 30 segundos para que se produzca la relajación de esos músculos. No es necesario producir mucha tensión. Es suficiente con notar la sensación de tensión y poco más. Lo realmente importante es dejar de tensar los músculos de forma abrupta, sin soltar poco a poco. Esto es importante porque tratamos de aprender la diferencia entre tensión y relajación muscular. Cuanto más rápido liberamos la tensión muscular, más fácil resulta notar el cambio de tensión y aprender a relajarnos.

Cuadro 1. *La relajación muscular: Nivel Básico.*

> Ponte cómodo. Si lo deseas, cierra los ojos y deja que tu cuerpo se vaya concentrando en las sensaciones que van a venir a continuación...
> Comenzaremos por tu brazo derecho. Centra tu atención en el brazo derecho... Aprieta el puño y siente la tensión que se genera en los dedos, en el antebrazo y en todo el brazo... Mantén esa tensión unos segundos, hasta que seas capaz de sentirla bien... Y ahora suelta toda la tensión del puño, suéltala toda y de forma brusca. Y concéntrate en la sensación de relajación que ocurre en la mano derecha, en el antebrazo y en todo el brazo... Centra tu atención en esa sensación. Una sensación de ligereza o de pesadez, puede que notes incluso un ligero hormigueo o un poco de calor... Eso está bien. Quizá notes que el brazo se queda blando, flojo, suelto... Eso es la relajación muscular. Permítete sentir esas sensaciones agradables...
> Ahora vamos a tensar de nuevo los mismos músculos. Aprieta de nuevo el puño derecho, lo suficiente como para sentir la tensión muscular en el puño, el antebrazo y el brazo derecho... Suelta toda la tensión de nuevo, de forma brusca. Siempre vamos a soltar la tensión de forma brusca, ya que de ese modo podemos aprender antes a distinguir las sensaciones de la tensión de las sensaciones de la relajación... Ahora el brazo, el antebrazo y la mano ya se han relajado. Han quedado blandos, flojos y suaves.
> Deja que tu respiración se haga suave y rítmica, sin forzar. El aire circula de forma suave y llega hasta tu abdomen. Trata de respirar con la parte baja de los pulmones, de forma suave y rítmica, sin forzar...
> Ahora vamos a tensar el puño izquierdo. Ténsalo con fuerza suficiente para notar la tensión en el antebrazo y en todo el brazo izquierdo... Suelta la tensión. Deja que se relaje la mano, el antebrazo y todo el brazo

izquierdo... Concentra tu atención en las sensaciones de relajación que se producen: la pesadez, la flojedad, la suavidad... todas estas sensaciones pueden producirse en el brazo y en la mano. Permite que aparezcan estas sensaciones inofensivas y relajantes... Quizá hayas notado que al tensar el puño izquierdo también se tensaban otras zonas de tu cuerpo, incluido el brazo o el puño derecho. Esto es normal, sobre todo al principio. Pero es importante que prestes atención para que sólo se tense aquella zona del cuerpo que queremos tensar. Es importante que aprendas a mantener relajadas el resto de zonas de tu cuerpo mientras no deseas sentir la tensión en esas zonas. Más adelante será muy útil que aprendas a mantener la relajación de ciertos músculos mientras tensas otras zonas de tu cuerpo.

Repetimos de nuevo la tensión en el puño izquierdo... Y soltamos la tensión...

De nuevo sentimos la relajación en nuestro brazo... El brazo izquierdo se queda suave, blando, flojo, libre de tensión... Y la respiración continúa suave y tranquila, sin forzar. Una respiración abdominal, suave y tranquila, sin forzar.

Ahora vamos a tensar los músculos de la cara. Esto es un poquito más difícil pero con la práctica irá saliendo mejor. Para tensar todos los músculos de la cara ten en cuenta que debes tensar la frente, los párpados, el entrecejo, la nariz, los labios, la mandíbula y la lengua. De momento, vamos a tensar sólo la frente. Para ello, trata de elevar con fuerza las cejas... Elévalas... Y suelta la tensión... Repite de nuevo la tensión en la frente... Y suelta la tensión... La frente se queda suave y blanda, libre de tensión...

Tensa ahora los párpados. Apriétalos. Siente la tensión suave en los ojos... y suelta la tensión. Los párpados se relajan, quedan sueltos y casi no se sienten...

Tensa de nuevo los párpados... Y suelta la tensión...

Tensa ahora el entrecejo y la nariz, como si pusieras cara de asco... Siente la tensión en el entrecejo y en la nariz... Y suelta la tensión... Nota cómo se relaja esa zona de tu cara. Queda suave y blanda, sin tensión... Tensa de nuevo el entrecejo y la nariz... Y suelta la tensión...

Tensa ahora la mandíbula y la lengua, apretando los dientes y empujando la lengua contra el paladar. Siente la tensión en los dientes y los labios... Y suelta la tensión... La lengua queda blanda, floja, sin tensión. Las mandíbulas también se relajan, sueltan toda la tensión... Tensa de nuevo la mandíbula y la lengua... Y suelta la tensión...

Ahora la cara se ha relajado. También los brazos. Y la respiración es suave, tranquila y profunda. Sin forzar...

A continuación, vamos a relajar el cuello. Para tensarlo puedes intentar tocar con la barbilla el pecho o, si estás acostado, puedes empujar la cabeza contra el colchón. Tensa ahora el cuello. Siente la tensión... Y suelta la tensión... El cuello queda blando, suave y sin tensión... El cuello se relaja... Tensa de nuevo el cuello. Siente la tensión... Y suelta la tensión... Concentra tu atención en la sensación de relajación y bienestar que se va acumulando... La respiración tranquila y suave, los brazos relajados, la cara relajada y ahora también el cuello relajado...

Para tensar los hombros vamos a tirar de ellos hacia atrás, como si intentásemos tocar nuestros hombros entre sí por la espalda. Tensa ahora los hombros... Siente la tensión... Y suelta la tensión. La espalda parece relajarse... Tensa de nuevo los hombros... Y suelta la tensión... Los músculos quedan blandos y suaves... relajados.

Ahora tensaremos de nuevo los hombros, pero esta vez tiraremos de ellos hacia delante, como si quisiéramos juntarlos delante nuestro. Ténsalos ahora... Siente la tensión... Y suelta la tensión... El pecho y la espalda se relajan. Concentra tu atención en las sensaciones que se producen... Tensa de nuevo los hombros... Y suelta la tensión... Concentra tu atención en las sensaciones de la relajación: los músculos se aflojan, se quedan sueltos y blandos. Disfruta de esa sensación de relajación que se va produciendo...

Ahora intenta tensar los músculos del abdomen como si quisieras hacer una flexión abdominal. Siente la tensión en todo el abdomen... Y suelta la tensión... Los músculos quedan blandos y tu atención se concentra en la relajación y en las sensaciones agradables que se producen... Tensa de nuevo los músculos del abdomen... Y suelta la tensión... Disfruta de la sensación agradable que sientes al soltar la tensión. Siente cómo los músculos se aflojan y quedan blandos y tranquilos...

Ahora vamos a tensar la parte media y baja de la espalda. Para ello trata de arquear la espalda, como si quisieras sacar el abdomen hacia delante. Arquea la espalda ahora... Siente la tensión... Y suelta la tensión... De nuevo se produce una liberación de tensión que resulta agradable... relajante... Tensa de nuevo la espalda, arqueándola... Y suelta la tensión... Concentra tu atención de nuevo en las sensaciones agradables que se producen al soltar la tensión...

Y la respiración continúa suave y tranquila, relajante y sin forzar... El aire entra y tu cuerpo se relaja... El aire sale y la tensión se va... La respiración continúa suave, profunda y sin forzar. Relajante y agradable. Suave y abdominal...

Ahora vamos a tensar la pierna derecha. Para eso tensa con fuerza la punta del pie hacia delante, como si quisieras pisar el freno de un coche... Siente la tensión... Y suelta la tensión... El pie se relaja; la pantorrilla y el muslo, también... Concentra tu atención en todos los músculos que han soltado la tensión y nota la diferencia... Tensa de nuevo la punta del pie, con fuerza suficiente para notar la tensión en la pantorrilla y el muslo derecho... Suelta la tensión y concentra tu atención en las sensaciones de relajación que se producen...

Y ahora vamos a tensar la pierna izquierda. Para ello tensa con fuerza la punta del pie izquierdo hacia delante, como si quisieras pisar el embrague del coche... Siente la tensión... Y suelta la tensión... Todos los músculos del muslo, la pantorrilla y el pie se relajan... Tensa de nuevo el pie. Siente la tensión en toda la pierna... Y suelta la tensión... La pierna se relaja. El pie, la pantorrilla y el muslo se relaja... Sientes una sensación agradable de pesadez, tranquilidad o relajación que recorre tu pierna...

Y todo tu cuerpo se ha relajado... Los brazos... la cara y el cuello... los hombros... el abdomen... la espalda... y las piernas...

La respiración se ha hecho tranquila y profunda, suave y sin forzar, abdominal y relajante... Siente el ritmo suave y tranquilo... Siente la paz que te reporta esa respiración tranquila, abdominal y profunda... Siente cómo se renueva tu energía, cómo la tensión abandona tu cuerpo... Siente cómo la tranquilidad y la relajación se hacen más y más agradables... Permítete sentir esas sensaciones agradables. Tienes derecho a sentirte tranquilo y relajado...

Disfruta un rato de estas sensaciones y siente cómo renuevan también tu mente...

Cuando desees levantarte, tan sólo tienes que mover un poco las piernas y los brazos antes de hacerlo. Levántate de forma suave, pues la relajación ha hecho que todos tus músculos queden blandos y agradablemente flojos, sin tensión.

Para que este ejercicio de relajación muscular haga su efecto es necesario practicarlo al menos dos veces al día durante 15 ó 20 días. Es recomendable que lo practiques, siempre que sea posible, en el mismo lugar y sin interrupciones. Explica a las personas con las que convives que vas a hacer un ejercicio de relajación muscular y que necesitas que no te interrumpan durante unos 30 minutos. Vístete con ropa cómoda, desconecta el teléfono, la televisión y la radio, y concédete esos minutos para lograr tu meta de dominar la ansiedad.

A mis pacientes les suelo recomendar que anoten el grado en el que se han relajado cada día, en una escala de 0 a 10 puntos. También les recomiendo que anoten el grado en el que han logrado concentrarse en ese ejercicio de relajación. Cuando se anotan estos datos cada día, las personas obtienen un mayor beneficio de la práctica de la relajación. Y además contribuye a que se sea más constante en la práctica de los ejercicios. Básicamente, el registro consiste en anotar el grado de relajación y de concentración que se tiene en cada práctica de relajación. Este registro nos permite ver la relación entre nuestra concentración en el ejercicio y el grado de relajación que logramos. También nos permite observar cómo, con el paso de los días, logramos grados más y más altos de relajación. Como todo ejercicio, la calidad de la relajación mejora con la práctica sistemática y diaria. De hecho, los mayores beneficios de la relajación se obtienen tras varias semanas de práctica regular.

Más adelante, cuando ya logres relajarte bien con la grabación del texto, puedes intentar relajarte sin hacer los ejercicios de tensión, sólo tratando de recordar las sensaciones de relajación que venían después de los ejercicios de tensión de cada grupo de músculos. Repasas mentalmente tu cuerpo: brazo derecho, brazo izquierdo, cara, cuello, hombros, pecho, espalda, abdomen, pierna derecha y pierna izquierda. Y en cada grupo de músculos te permites unos 15 ó 20 segundos de evocación de las sensaciones de la relajación: músculos sueltos, flojos, calientes y blandos. El texto del Cuadro 2 te puede ayudar si lo grabas en una cinta.

Cuadro 2. *La relajación muscular: Nivel superior.*

Ponte cómodo. Deja que tu cuerpo se vaya concentrando en las sensaciones que van a venir a continuación...

Comenzaremos por tu brazo derecho. Centra tu atención en el brazo derecho... Y suelta la tensión del puño, suéltala toda y deja que se relaje. Y concéntrate en la sensación de relajación que ocurre en la mano derecha, en el antebrazo y en todo el brazo... Centra tu atención en esa sensación. Una sensación de ligereza o de pesadez, puede que notes incluso un ligero hormigueo o un poco de calor... Eso está bien. Quizá notes que el brazo se queda blando, flojo, suelto... Eso es la relajación muscular. Permítete sentir esas sensaciones agradables...

Ahora el brazo, el antebrazo y la mano ya se han relajado. Han quedado blandos, flojos y suaves.

Deja que tu respiración se haga suave y rítmica, sin forzar. El aire circula de forma suave y llega hasta tu abdomen. Trata de respirar con la parte baja de los pulmones, de forma suave y rítmica, sin forzar...

Ahora suelta la tensión del puño izquierdo. Deja que se relaje la mano, el antebrazo y todo el brazo izquierdo... Concentra tu atención en las sensaciones de relajación que pueden ocurrir: pesadez, flojedad, suavidad... todas estas sensaciones pueden producirse en el brazo y en la mano. Permite que aparezcan esas sensaciones inofensivas y relajantes...

El brazo izquierdo se queda suave, blando, flojo, libre de tensión... Y la respiración continúa suave y tranquila, sin forzar. Una respiración abdominal, suave y tranquila, sin forzar.

Ahora vamos a dejar que se relajen los músculos de la cara...

La frente se queda suave y blanda, libre de tensión...

Los párpados se relajan, quedan sueltos y casi no se sienten...

El entrecejo y la nariz liberan su tensión...

La mandíbula y la lengua también se aflojan y quedan sin tensión.

Ahora la cara se ha relajado. También los brazos. Y la respiración es suave, tranquila y profunda. Sin forzar...

A continuación vamos a relajar el cuello. Deja que la tensión se libere... Y el cuello queda blando, suave y sin tensión... El cuello se relaja... Concentra tu atención en la sensación de relajación y bienestar que se va acumulando... La respiración tranquila y suave, los brazos relajados, la cara relajada y ahora también el cuello relajado...

Los hombros se relajan y la espalda parece quedar blanda, caliente o floja. Los músculos quedan blandos y suaves... relajados.

El pecho y la espalda se relajan. Concentra tu atención en las sensaciones que se producen... Concentra tu atención en las sensaciones de la relajación: los músculos se aflojan, quedan sueltos y blandos. Disfruta de esa sensación de relajación que se va produciendo y que aumenta cada vez más...

Ahora suelta la tensión que pueda haber en los músculos del abdomen... Los músculos quedan blandos y tu atención se concentra en la relajación y en las sensaciones agradables que se producen... Disfruta de la sensación agradable que sientes al permitir que la tensión se disuelva. Siente cómo los músculos se aflojan y quedan blandos y tranquilos...

Ahora vamos a centrar la atención en la parte media y baja de la espalda. Explora los puntos de tensión que pueda haber... Y suelta la tensión... De nuevo se producen sensaciones agradables de relajación... Concentra tu atención en esas sensaciones agradables que se producen...

Y la respiración continúa suave y tranquila, relajante y sin forzar... El aire entra y tu cuerpo se relaja... El aire sale y la tensión se va... La respiración continúa suave, profunda y sin forzar. Relajante y agradable. Suave y abdominal...

Ahora centramos la atención en la pierna derecha. Explora los puntos de tensión que pueda haber... Y suelta esa tensión... El pie se relaja; la pantorrilla y el muslo, también... Concentra tu atención en todos los músculos que se van relajando con sólo evocar las sensaciones de la relajación... Los músculos quedan blandos, calientes o flojos, sin tensión... Concentra tu atención en las sensaciones de relajación que se producen en la pierna derecha...

Y ahora llevamos la atención a la pierna izquierda... Buscamos cualquier pequeña tensión que pueda quedar... y permitimos que esa tensión se disuelva... Todos los músculos del muslo, la pantorrilla y el pie se relajan... La pierna se relaja. El pie, la pantorrilla y el muslo se relajan... Sientes una sensación agradable de pesadez, tranquilidad o relajación que recorre tu pierna izquierda...

Y todo tu cuerpo se ha relajado... Los brazos... la cara y el cuello... los hombros... el abdomen... la espalda... y las piernas...

La respiración se ha hecho tranquila y profunda, suave y sin forzar, abdominal y relajante... Siente el ritmo suave y tranquilo... Siente la paz que te reporta esa respiración tranquila, abdominal y profunda... Siente cómo se renueva tu energía, cómo la tensión abandona tu cuerpo... Siente cómo la tranquilidad y el relajación se hacen más y más agradables...

> Permítete sentir esas sensaciones agradables. Tienes derecho a sentirte tranquilo y relajado...
> Disfruta un rato de estas sensaciones y siente cómo renuevan también tu mente...
> Cuando desees levantarte, tan sólo tienes que mover un poco las piernas y los brazos antes de hacerlo. Levántate de forma suave, pues la relajación ha hecho que todos tus músculos queden blandos y agradablemente flojos, sin tensión.

Problemas que pueden surgir

Un problema que podría surgir con las grabaciones de las cintas es, digamos, de tipo técnico. Para que una cinta de relajación te ayude a relajarte es necesario que lleve un ritmo y una entonación adecuada. Seguramente tu primera grabación no te ayudará mucho, pero no te preocupes. Familiarízate con el texto, léelo varias veces y graba la cinta una o dos veces, hasta que te sientas cómodo con el resultado. Luego escúchala a diario y practica al menos dos veces al día la relajación. Recuerda que todo irá mejorando con la práctica.

Si prefieres obtener estos ejercicios de relajación grabados en un estudio profesional por un especialista, puedes visitar la web www. ansede.com.

Algunas personas no logran un nivel de relajación suficiente porque les cuesta trabajo "desconectar" de los problemas cotidianos. Si éste es tu caso, trata de no controlar tu pensamiento. No intentes dejar la mente en blanco *a la fuerza*. Permite que vengan esos pensamientos pero centra tu atención en el ejercicio. De ese modo interferirán menos.

Las personas que sufren crisis de ansiedad deben tener presente que este ejercicio les pone más en contacto con sus sensaciones corporales: latidos cardiacos, respiración, sensaciones musculares, etc. Precisamente, todo esto puede resultar amenazador para una persona con dicho trastorno. Si éste es tu caso, ten presente que esas sensaciones son inofensivas. También debes tener presente que los ejercicios de relajación producen en algunas personas una leve hiperventilación.

Otras formas de lograr relajación muscular

El ejercicio físico moderado es otra forma de favorecer la relajación muscular. Es importante que sea un ejercicio moderado, ya que el ejercicio intenso puede dificultar la tarea de relajar los músculos.

Un ejercicio recomendable puede ser salir a caminar a paso ligero durante una hora al día.

Al terminar la hora de marcha, un baño o una buena ducha con agua caliente contribuirá a una mayor relajación muscular.

2

TRASTORNO DE PÁNICO: COMPRENDER LAS CRISIS DE ANSIEDAD

Julio C. Martín

Una compañera nos contaba que su hijo la noche anterior fue a su cuarto y le dijo:

—Mamá, he visto un hombre en mi cuarto.

Ella le contestó:

—Cómo va a haber un hombre. Anda, vete a dormir.

Pero en ese momento oyó un ruido y salió al pasillo. Vio al fondo la ventana abierta. En ese instante sintió pánico. Tenía la *certeza* de que la había cerrado antes de acostarse.

Una paciente me contaba que por las noches sentía pánico. Oía ruidos en la casa. Pero no había nadie y todas las puertas y ventanas estaban cerradas. Ella estaba convencida de que había una presencia extraña en la casa. A veces los edificios hacen ruidos por el asentamiento. Cómo los interpretamos es otra cuestión.

Cuando alguien *piensa* que no hay peligro, como mi compañera en la primera parte de la historia, reacciona con calma. Cuando *cree* (está convencida) de que hay un peligro, la reacción de nuestro organismo es de miedo o pánico.

Este capítulo quizás resulte el más denso y difícil de leer. Su objetivo es que comprendas qué es lo que *no* puede pasar cuando te da una crisis de ansiedad y por qué. Muchos pacientes preguntan: ¿Me puedo asfixiar? ¿Me puede dar un ataque el corazón? ¿Me puedo morir? ¿Me puedo desmayar en la autopista conduciendo y provocar un accidente? ¿Puedo volverme loco? Todas estas preguntas aparecen como consecuencia de sensaciones inexplicables que sentimos. Como la mujer que oía ruidos en la segunda historia, las sensaciones físicas se interpretan de forma alarmista y se produce una falsa alarma."

Por eso entender y digerir este capítulo es fundamental. Parafraseando a Woody Allen, podríamos titularlo "todo lo que siempre quiso saber sobre las crisis de ansiedad (y nunca se atrevió a preguntar)". Hay que despejar dudas como "¿Por qué te dan las crisis cuando más tranquilo/a estás? ¿Por qué te dan durmiendo o descansando o cuando parece que ya estás bien y bajas la medicación? ¿Es que voy a tener que estar tomando pastillas toda la vida? ¿Si la crisis fuera más intensa, llegaría a perder el control? ¿Si la taquicardia sigue subiendo estallaría el corazón? ¿Si no pudiera respirar más me moriría? ¿Si continuara en la cola del supermercado me desmayaría dentro del carro de la compra con los petit suisse? Es la misma incertidumbre que nos asalta cuando oímos ruidos extraños en el coche, vemos salir humo por el salpicadero y no tenemos ni idea de mecánica. ¿Va a estallar el coche, puede arder conmigo dentro?

Hay cosas que **no** pueden pasar como consecuencia de la ansiedad. Y esto conviene tenerlo muy claro. Pero antes, déjame que te cuente una anécdota.

Le ocurrió a un conocido en las fiestas de su pueblo. Cuando volvía a su casa andando vio venir hacia él un toro que se había saltado las vallas del encierro. Sin pensárselo dos veces, pegó un salto y se agarró a un balcón. El toro pasó por debajo y nuestro amigo pudo contarlo. Pero al día siguiente, contando lo que le había pasado, al tratar de imitar el salto… no llegaba al balcón. ¿Qué había sucedido?

Ha llegado el momento de levantar el capó. Vamos a ver cómo funciona el motor y a saber de dónde vienen los "ruidos".

Fisiología de la ansiedad y del miedo

Cuando alguien se enfrenta a una situación de peligro (como la del toro) se produce en nuestro interior una serie de cambios. En el cerebro se dispara la alarma y una glándula suelta adrenalina a la sangre. Como consecuencia, el corazón se acelera. ¿Para qué? Hay que sacar sangre de la zona del intestino y llevarla rápidamente hacia los brazos y las piernas. Esto supone a veces paralizar la digestión y que el corazón se acelere. Hay que retirar sangre de la superficie del cuerpo (piel) para llevarla hacia el interior, hacia los músculos. Esto se consigue estrechando los vasos de la superficie de la piel y ensanchando los de los músculos. La respiración se acelera, aumentando el aporte de oxígeno a la sangre. También conviene enfriar la piel y se ordena a las glándulas sudoríparas que comiencen a sudar. Al mismo tiempo la pupila se dilata, lo que amplía la visión. ¿Para qué? (intenta responder antes de seguir leyendo).

Todos esos cambios preparan al organismo para correr, saltar, trepar… en definitiva, para huir y ponerse a salvo. El organismo en ese estado es capaz de desarrollar un esfuerzo máximo. El amigo que se encontró de frente al toro, no pensó que había un balcón encima de él. Probablemente lo vio al aumentar la visión periférica (dilatación de la pupila) y su cerebro estimó que podía cogerlo y propició los cambios para el salto. Todo fue tan rápido que no le dio tiempo a pensar. Hace unos años una mujer vio a su hijo bajo las ruedas de un coche. Se lanzó hacia el coche sin pensárselo dos veces y lo levantó, sacando a su hijo. Al hacerlo se rompió la columna. En situaciones extremas, las emociones llevan asociadas una tendencia a la acción que se pone en marcha sin que lleguemos a pensar. La tendencia del miedo es provocar la huída.

A quién no le ha perseguido un perro yendo en bicicleta… ¡Ni Indurain le hubiera podido seguir, de lo rápido que pedaleaba huyendo del can!

Este es uno de los caminos que sigue el miedo: preparar al organismo para hacer un esfuerzo máximo. ¿Cuál es la función del miedo? Ponernos a salvo, proteger nuestra vida. A nuestro amigo del toro le salvó la vida. Una parte del sistema nervioso llamada sistema nervioso autónomo, "acelera" todas las funciones del organismo de forma automática cuando percibimos algún peligro o alguna amenaza. Nosotros no tenemos que hacer nada.

Otras veces, en cambio, el miedo nos paraliza. Queremos gritar y no nos sale la voz, queremos correr y nuestras piernas tiemblan y parecen no poder sujetarnos. ¿Para qué? La otra vía que ha desarrollado la evolución para proteger nuestra vida es la paralización (en caso extremo sería el desmayo). Los animales defienden su territorio y no suelen atacar a otro que está "muerto". Si has visto la película "Gorilas en la niebla", cuando la Dra. Fossey llega a ver a los gorilas de montaña, el guía le dice que no les mire a los ojos y que no corra. Cuando un inmenso macho se le acerca, ella no puede dominar el miedo y sale corriendo. Afortunadamente se cae por un barranco y el espalda plateada le deja marchar. La paralización es lo más efectivo ante el ataque de un animal grande. Recuerda lo que hacen los toreros cuando les pilla el toro. Se tumban y se quedan quietos.

Otro ejemplo de cómo la paralización puede salvarnos la vida es cuando el bebé se aleja de la madre o la pierde de vista. Normalmente siente miedo, llora y la madre acude, salvándole de potenciales peligros. Sucede algo similar cuando el niño gatea y percibe la altura. Siente miedo y se para. Cuando tenemos miedo a las alturas, sentiremos vértigo, temblor en las piernas y hasta deseos de tirarnos al suelo. Eso es la paralización. Un paciente me contaba que había sentido tanto miedo (vértigo) cruzando un puente que tuvo que tirarse al suelo y estuvo así hasta que alguien se acercó y, con su ayuda, cruzó el puente. Las piernas le temblaban y tenía que ir agarrado al viandante.

En resumen, el miedo puede salir por dos vías: la huída (y eso supone que el sistema simpático "acelere" las funciones vitales) o la paralización (en este caso actúa el parasimpático provocando el efecto contrario, que en su extremo sería el desmayo). En ambos casos la función del miedo es proteger la vida. ¿Crees posible que la naturaleza haya desarrollado un mecanismo que al actuar nos dañe?

El miedo tiene grados. La ansiedad también

Cuando estamos en casa solos por la noche y oímos un ruido extraño, solemos prestar atención. Nuestro organismo entra en un estado de alarma. La respiración se entrecorta, el corazón late un poco más deprisa, los músculos se tensan, etc. Si a continuación descubrimos que es un ladrón que está intentando saltar por la ventana, podemos sentir pánico.

Cuando estamos nerviosos antes de un examen, la ansiedad puede hacer que suden las manos, que tengamos dificultades para tragar, o que tengamos mucha saliva, o que nuestro estómago tenga mariposas… Cuando sufrimos una crisis de ansiedad, podemos tener sensaciones tan intensas, tan fuera de lo corriente, que podemos pensar que nos morimos en ese mismo instante.

Pero a nivel fisiológico ¿qué diferencia hay entre el estado de alarma y el de ansiedad leve, o entre el pánico y las crisis de ansiedad? Ninguna. (Vuelve a leer la pregunta y la respuesta. Gracias.).

El corazón se acelera (taquicardia), la respiración cambia (hiperventilación, dificultad para respirar), unos vasos sanguíneos se estrechan y otros se ensanchan (parestesias), la digestión se para (molestias abdominales)… y así podríamos seguir con todos los síntomas que definen las crisis o los estados de ansiedad.

Entonces ¿cómo distinguimos la ansiedad del miedo? Básicamente a través de lo externo: si hay un peligro o una amenaza (toro, perro persiguiéndonos, hombre entrando por la ventana, coche que se nos hecha encima…) vemos normal sentir miedo. Si no hay peligro o amenaza, entonces hablamos de ansiedad. Algunos autores hablan de "falsa alarma", es decir, se dispara la reacción de miedo intenso cuando no hay motivo (por ejemplo, estando sentado en casa viendo la televisión).

Imagina, como en los documentales de animales, que una cebra está pastando y percibe una leona acechando. Su cuerpo se pone en alerta. Si el felino se acerca corriendo se dispara el miedo y la cebra galopa como alma que lleva el diablo. ¿Crees que esto daña a la cebra? Quizás le perjudica más vivir encerrada, perfectamente cuidada y sin animales que la acechen ni la ataquen… en un zoológico.

Nuestro organismo, igual que el de la cebra, está diseñado para soportar estos cambios. El corazón es un músculo que se acelera y se refrena, igual que nuestros bíceps y tríceps se encogen y se estiran. ¿Crees que por estirar y encoger el brazo se van a romper esos músculos? ¿Por qué se iba a romper el corazón?

Los vasos sanguíneos se ensanchan y se estrechan. Son como un gran músculo que envía más o menos sangre allí donde se necesita. Esto se consigue, por ejemplo, estrechando los vasos de la superficie de la piel y ensanchando los que llevan la sangre a los músculos en caso de miedo y nos pondremos pálidos. Pero también pueden ensanchar los vasos de la piel del rostro cuando nos ponemos rojos. Si hacen su trabajo cuando no es necesario (crisis de ansiedad) podemos experimentar extrañas sensaciones en los brazos o en las piernas (algo que nos sube y nos baja) o en la cabeza ("parece que me va a dar un derrame", "noto el nervio en el cerebro"…) o en cualquier otra parte del cuerpo (enrojecimiento y sofoco en el rostro…)

En el ejemplo del perro que nos persigue cuando vamos en bici, toda nuestra atención se dirige al perro y a alejarnos de él lo más rápidamente posible. Durante la huída no notamos los cambios que se producen en nuestro cuerpo porque vemos los dientes del perro que rozan nuestro pantalón. Oímos el ladrido. Sentimos una gota asquerosa de saliva en nuestra pantorrilla. Hasta podemos percibir su olor. Si el perro nos cogiera y tuviéramos una experiencia horrible, todos esos detalles se nos quedarían grabados "a fuego" en la memoria. Es importante recordar todos los detalles de una experiencia traumática para prevenir su repetición. Nuestro cerebro se pondría en alerta al detectar cualquier detalle parecido en el futuro para avisarnos.

Cuando sufrimos una crisis de ansiedad, oímos nuestro corazón y sentimos extrañas sensaciones dentro de nosotros. Pero no vemos ningún motivo para estar así: ¡el perro está dentro! Muchos terminan en urgencias como Rosa. Estaba tan convencida de que se moría que le llamaba la atención la tranquilidad con la que actuaban los médicos (le dieron un valium y la dejaron sentada en un sillón sin apenas preocuparse).

En resumen, podemos sentir miedo y ansiedad de diferente intensidad y con diferentes sensaciones pero, fisiológicamente, están actuando los mismos mecanismos. Son funciones naturales desarrolladas por nuestro organismo para defenderse del peligro y, en último extremo, poner a salvo nuestra vida. Al actuar no nos dañan. No encierran ningún peligro.

¿Por qué se producen las crisis?

Las crisis de ansiedad pueden aparecer en muchas circunstancias: viendo la tele, en un autobús, andando por la calle, conduciendo, en el trabajo… incluso durmiendo.

Tenemos que subrayar que no hay *una única* causa. Es cierto que algunas personas pueden tener más facilidad que otras para sufrir crisis. Recientemente varios investigadores han comprobado que los que tienen duplicado el material genético en el par 19, tienen más probabilidad de sufrir crisis de pánico. Es decir, tienen una predisposición genética para sufrir crisis de ansiedad. Algunos autores lo denominan *vulnerabilidad física*. Hay niños que desde que nacen reaccionan en mayor medida a estímulos como ruidos fuertes que otros. Los ruidos fuertes provocan miedo en los niños. Pero no todos los bebés reaccionan igual.

También podemos desarrollar *vulnerabilidad psicológica* a lo largo de la vida. Así, quien aprende a responder con temor en distintas circunstancias, eleva su nivel de tensión y se vuelve más vulnerable. Hay niños que ya de pequeños se asustan con facilidad y tienden a preocuparse. ¿Hasta qué punto esto es aprendido? Es decir, el niño o la niña ve cómo su padre o madre se preocupan por todo, bien sea expresándolo en voz alta, bien sea por la actitud que transmite su rostro y su cuerpo (es difícil ocultar totalmente el temor). También pueden transmitirle miedos con mensajes sobre cosas que le pueden pasar, de forma que el pensamiento catastrofista pasa a ser parte de la "prevención". Estos "optimistas" tienen por costumbre recordar todas las cosas malas que le pueden pasar a uno si se sube a una silla, si se baña después de comer, si monta en bicicleta, si coge un cuchillo, si sale de casa sólo, si va con chicos o con chicas, si es confiado, si es desconfiado, si no se porta bien, si molesta, si… Un paciente me contaba que su padre nunca le dejó montar en bicicleta de pequeño porque tenía miedo de que le pillara un coche. En cierta ocasión cogió la bicicleta de un amigo sin que su padre se enterara y aprendió a montar. Cuando su padre le vio, le riñó y le dijo que no volviera a montar, porque era peligroso. Decía que su padre nunca le pegó, que siempre había sido muy bueno con él. A veces un exceso de protección para evitarnos supuestos peligros, nos hace más vulnerables que dejar que nos enfrentemos a situaciones normales por nuestros propios medios.

Un factor que parece relacionado con las crisis de angustia es el índice de sensibilidad a la ansiedad (ISA). Un ISA alto se asocia al comienzo y mantenimiento de las crisis de ansiedad. Además discrimina entre este trastorno y otros trastornos de ansiedad. Al mismo tiempo hay personas que tienen una mejor percepción de los latidos del corazón. Entre los niños se aprecia la misma diferencia que en los adultos, es decir del 7 al 10% de los niños, e igual porcentaje en los adultos, tienen una buena percepción de los latidos del corazón. Este factor se asocia en los niños con mayor temor a la separación, miedo que sólo se da en la infancia y que es un factor de riesgo para las crisis de ansiedad. La asociación de ISA y percepción del latido está asociada con las crisis de ansiedad, tanto en adultos como en niños.

Otro factor que predice la aparición de agorafobia entre los que sufren la primera crisis de ansiedad es el temor al ridículo. Este temor se define por dos rasgos: temor a la evaluación por parte de los demás (el famoso "qué dirán") y tendencia a creer que esa evaluación es negativa ("pensarán que soy tonto…"). Sufrir una crisis de ansiedad en un lugar público puede resultar tan embarazoso para algunas personas que dispare la cadena:

Temor al ridículo ➡ Sensación desagradable ➡ Evitación

Finalmente, tenemos mucha información a nuestro alcance que utilizamos para hacer interpretaciones. Hoy mucha gente habla de temas de salud y no es raro oír "Así empezó Fulano y ya ves, esa noche muerto" (y describen el dolor que sentía en el pecho y en el brazo izquierdo). No es raro ver gente que ha empezado a preocuparse por lo que le puede pasar a raíz de la muerte de algún pariente o amigo. Si ha vivido la muerte de cerca, se le quedan grabados los "síntomas" que la anuncian, aunque a veces no guardan ninguna relación real con la causa del fallecimiento. Un paciente comentaba que un famoso entrenador de fútbol había sufrido un infarto viendo un partido porque "no había podido resistir la emoción". ¿Acaso conocía esta persona el estado de las arterias de ese entrenador? Por tanto, la información de que disponemos, muchas veces escasa o falsa, se utiliza para hacer interpretaciones carentes de rigor, pero que parecen verosímiles a la luz de esos datos. Por ejemplo, ¿no parece verosímil que alguien que se nota "un nervio en la cabeza" pueda sufrir un derrame si además recuerda que ese síntoma es igual al que tuvo un familiar antes de morir de infarto cerebral?

Con estos tres elementos, vulnerabilidad física, psicológica y falsa información tenemos el campo abonado para las crisis. Sin embargo, falta la chispa que haga prender la mecha. Y hasta en un 80% de los casos, lo que dispara las crisis, la llama que enciende la hoguera, es el estrés. Vamos a dedicarle un mayor espacio en el próximo capítulo. Aquí nos centraremos en su efecto. Pero antes, unas palabras sobre el sistema nervioso.

Hay una serie de funciones automáticas en nuestro organismo de las que no tenemos que ocuparnos. El sistema nervioso autónomo se encarga de ellas. Haz lo siguiente: da una orden a tu mano derecha, por ejemplo, que mueva los dedos. Tu mano responde inmediatamente. Igual sucede con tu pie o con tu lengua. Ahora dile a tu corazón que se ponga a 140 o a tu mano izquierda que empiece a sudar; ordénale a tu estómago que provoque una náusea. ¿Puedes hacerlo?

Los movimientos voluntarios dependen del sistema nervioso central y responden a tus órdenes de forma inmediata. Cuando entras en una habitación calurosa te sofocas y empiezas a sudar. ¿Has hecho algo para que así suceda? No. El sistema nervioso autónomo se encarga de esos ajustes sin que tú tengas que preocuparte. ¿No te parece una gran ventaja? Este sistema tiene dos partes: el simpático y el parasimpático. Si piensas en tu corazón, un acelerador y un freno. El simpático, que hace que las funciones se "aceleren" todo lo necesario para huir en caso de necesidad (que el corazón lata más deprisa, que aumente la tensión muscular, la respiración, que la pupila se dilate, que sudemos, que salte la adrenalina a la sangre…). El parasimpático es el sistema de reposo, el que se pone en funcionamiento cuando nos tumbamos y apagamos la luz para dormir. El latido del corazón se lentifica, la respiración se hace más lenta y más profunda, los músculos se relajan y así vamos cayendo en el sueño.

Estos dos sistemas se equilibran, es decir, actúan en función de las necesidades, por ejemplo, acelerando el pulso y luego desacelerándolo o subiendo la tensión arterial y luego bajándola. Si quieres ver cómo funciona este sistema, ponte enfrente del espejo del cuarto de baño con la luz del pasillo. Coge una linterna y enfócala en el espejo hacia tus ojos. Observa lo que pasa con la pupila: al darle la luz se ha encogido. Apaga la linterna y verás como la pupila se dilata. ¿Has hecho tú algo para que se produzcan estos cambios? Como hemos visto en el ejemplo de alguien que va en bici y le sale un perro que le persigue varios metros, lo más probable es que al principio se acelere el pulso, aumente la tensión sanguínea, la pupila se dilate, los músculos se tensen, etc. Cuando nos hayamos puesto a salvo, comenzará a actuar el parasimpático y todo lo acelerado se refrenará.

El estrés estimula la secreción de algunas sustancias como el cortisol, que hacen que nuestro sistema se "acelere" un poco aunque no tanto como en el ejemplo del perro. Imaginemos que tenemos exceso de trabajo y que no podemos desconectar cuando llegamos a casa. Empezamos a dormir mal, por la mañana nos levantamos ya un poco tensos antes de ir al trabajo y allí estamos todo el tiempo con la soga al cuello. Los domingos, estamos un poco más tranquilos, pero por la tarde empezamos a anticipar que llegará el lunes y que todo volverá a comenzar… Apenas descansamos. La tensión se va acumulando.

Cuando ponemos la leche al fuego, al principio parece que no pasa nada, pero está subiendo la temperatura. Cuando la leche llega al punto de hervir, de repente comienza a subir como si estuviera poseída y, si no bajamos el fuego, termina saliéndose del cazo. Más o menos, eso es una crisis de ansiedad, y lo que hace que suba la temperatura es el estrés. La zona de disparo varía de unas personas a otras (vulnerabilidad física, psicológica, información) pero lo más probable es que la activación de nuestro sistema nervioso nos mande algunos avisos en forma de sensaciones. Quizás tensión, dificultad para dormir, leve opresión en el pecho o dolores de cabeza, cansancio… A estos "avisos" no se les suele hacer mucho caso, uno tiene tanto trabajo…

Cuando aparece la crisis, casi siempre supone una sorpresa, algo inexplicable (a veces lo es). ¿Cómo interpretar lo que está pasando?

Si los síntomas son poco intensos, a veces nos vale una explicación tranquilizadora: "Me habrá sentado mal la comida", o "hace mucho calor aquí, si salgo fuera se me pasará". Francisco decía que unos días antes de tener la gran crisis, estaba cenando con unos amigos y… "de repente, empecé a agobiarme y tuve que ir al cuarto de baño a echarme agua en la cara. Parece que se me pasó un poco el agobio y pude terminar de cenar". Si podemos echar la culpa a algo externo (qué calor hace aquí, cuanta gente hay, qué cerrado está esto…) es posible pensar que, con una simple acción, hemos conseguido resolver la situación: quitándonos ropa o echándonos agua en la cara, saliendo del lugar o abriendo una ventana, bajándonos del autobús o parando el coche…

Si los síntomas son muy intensos, probablemente sólo encontremos explicación en algo muy grave: "me muero, me asfixio, me está dando un infarto, o un derrame, me estoy volviendo loco…".

Fíjate la diferencia hasta aquí:

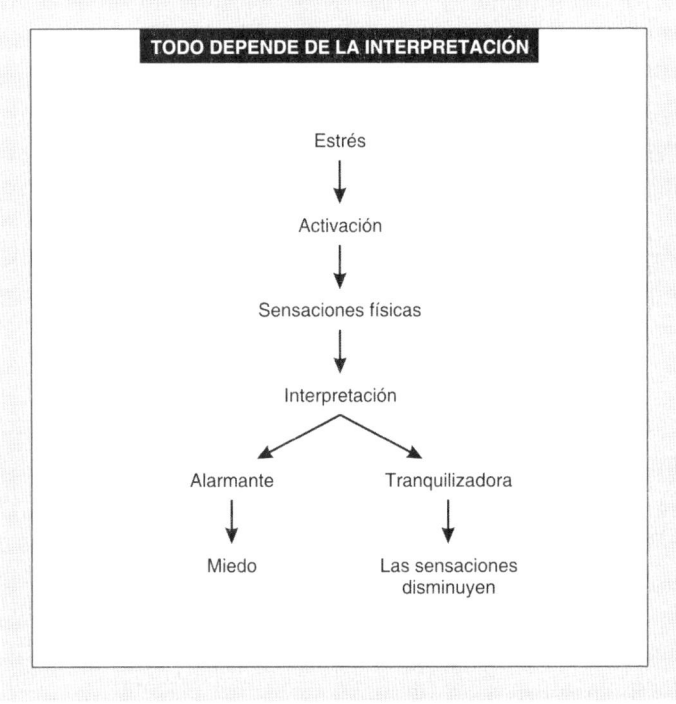

La interpretación es lo que me digo que está pasando. Si mi cabeza grita "fuego", algo malo va a pasar. Y voy donde creo que pueden ayudarme. En una primera fase, es frecuente que las crisis de ansiedad terminen en urgencias o con una llamada al 112. Normalmente la medicación consigue reducir la crisis. A veces se sigue un tratamiento que nos ha recomendado el médico de urgencias o el de cabecera y la ansiedad parece controlada hasta que nos encontramos mejor y lo dejamos. Además, muchas personas dicen que no nos pasa nada.

Después de la primera crisis pueden darse tres escenarios: 1) El tratamiento hace efecto, la fuente de estrés ha cesado y me recuperaro; 2) El tratamiento hace efecto, pero la fuente de estrés continúa actuando y al bajar medicación o incluso tomándola, los síntomas reaparecen; y 3) La crisis es tan intensa y/o la vulnerabilidad tan alta, que se producen nuevas crisis o se vive con tanto temor, que la aprensión provoca suficiente estrés para mantener el círculo vicioso.

En el primer caso, Ana tuvo a su madre en el hospital ingresada y se ocupaba de su casa, de la de su madre, de dormir en el hospital, etc. Le dio la crisis después de que a su madre le dieran el alta y el tratamiento redujo las crisis prácticamente a cero. Su médico le explicó cómo reducir medicación y la redujo sin mayores problemas. Ana no está leyendo este libro, pero existe.

En el segundo caso, Luis tenía problemas en el trabajo con su jefe. Tuvo una primera crisis, tomó un famoso ansiolítico y mejoró. Redujo por su cuenta la medicación y volvió al trabajo. Los problemas continuaban y a los pocos días tuvo una crisis peor que la primera. Cuando vino al centro, creía que la causa de la 2ª crisis era la medicación y no quería tomar más. La fuente de estrés (problemas en el trabajo) seguía intacta.

Rosa tuvo dos crisis muy intensas que recordaba con horror. En la primera estaba totalmente convencida de que se moría. Según contaba, el médico de urgencias le había dicho que sólo era ansiedad y que se le iba a pasar con la medicación. Ella y su marido pensaron que no era nada. Pero como le repitió y, además, temía constantemente que le volviera a pasar, pensó que el médico debía estar equivocado. Empezó a evitar salir de casa, coger el coche sola, ir a grandes almacenes, hacer cola… Lo que le pasaba era algo malo y ella se veía incapaz de hacerlo frente. Además, su entorno no comprendía lo que le pasaba y esto generaba disputas que eran nuevas fuentes de tensión.

En este tercer caso, la fuente original de estrés ha desaparecido: Rosa había dejado su trabajo aprovechando la primera crisis, porque no le gustaba. Estaba bien en casa, o al menos, mucho mejor que en un trabajo que odiaba. Pensaba buscar después otro empleo. Pero el temor a una nueva crisis y sus consecuencias (no quería salir sola, ni ir a sitios donde hubiera mucha gente, etc.) se habían convertido en una fuente de tensión.

El miedo tiene un efecto doble. Si alguien tiene miedo a los perros, ¿qué anticipa cuando ve uno? Sí, seguramente que se le echa encima y le muerde. La *anticipación* es automática. Al ver el perro, no puede evitar pensarlo. El segundo efecto es la *vigilancia:* los cinco sentidos están en el perro. Aunque tratemos de distraerle, su atención se dirigirá al perro una y otra vez hasta que se haya ido. ¿Cuál es el perro en las crisis de ansiedad? Ahí está el problema, lo llevamos dentro. Las sensaciones anticipan un peligro que se nos echará encima en cualquier momento y empezaremos a vigilarlas. Anticipación y vigilancia mantienen el sistema nervioso en estado de alerta, es decir, en tensión. Y la tensión acabará provocando nuevas sensaciones que confirmarán nuestros temores, atizando el miedo. Esto es una pescadilla que se muerde la cola.

En resumen, un tercio más o menos de las personas que han sufrido crisis de ansiedad se recuperan incluso sin ningún tipo de tratamiento. En otros casos, una vulnerabilidad media/baja unida a un estrés alto puede hacer que reaparezcan las crisis. En otros casos, un estrés bajo unido a una vulnerabilidad física y/o psicológica alta, pueden hacer que no disminuya el temor o que las crisis se disparen sin motivo aparente.

¿Qué es lo que *no* puede pasar? Asfixia

La respiración es como ese cartel que hay en el metro: "antes de entrar dejen salir". Para que entre el aire (inspiración) antes tenemos que sacar el que hay dentro (espiración).

Muchas personas creen que la dificultad para respirar, cuando va en aumento, puede llegar a la asfixia. ¿Qué sucede en realidad? Lo que pasa es que sus músculos intercostales están tensos. Al no relajarse en la espiración, no dejan que salga una cantidad suficiente de aire. Si poco ha salido, poco puede entrar. Esto es la "dificultad para respirar". La dificultad se interpreta como posible asfixia. Esta interpretación provoca mayor tensión. Una mayor tensión en los músculos produce mayor dificultad para respirar, lo que a su vez aumenta el miedo y la tensión. Uno cree que la asfixia es inminente, probablemente hiperventila (hace respiraciones cortas y rápidas, pues en la espiración los músculos sólo pueden moverse libremente cuando se relajan). La hiperventilación añade a la dificultad para respirar nuevos síntomas como sensación de mareo, taquicardia, cosquilleo en las manos, etc. Y aparece la crisis de ansiedad. ¿Puedo asfixiarme?

No, porque en el improbable caso de que impidieras la entrada de aire, el parasimpático, como mecanismo de seguridad:

1. Produciría una relajación muscular (desmayo)
2. Pasaría el control de la respiración a los centros automáticos
3. Nos devolvería la conciencia, una vez solucionado el problema.

¿Qué es lo que *no* puede pasar? Infarto

Juan sufrió un pequeño infarto antes de venir al centro. Pesaba 120 Kg., fumaba más de dos cajetillas de tabaco al día y tenía la tensión en 22-18 y el colesterol en más de cuatrocientos. En la recuperación bajó el peso, dejó de fumar y controló la tensión. Tuvo crisis de ansiedad y desarrolló una agorafobia, problemas que ya había tenido anteriormente, cuando se fue a trabajar fuera de Murcia. Ahora era incapaz de salir sólo de casa. Iba al trabajo en taxi (trabajaba a 200 metros de su casa), y había días que no se atrevía a cruzar el portal, a pesar de ver el taxi en la puerta. Estuve dudando si ofrecerle un grupo de crisis de ansiedad que comenzaba esa semana, porque muchos pacientes temen que les pueda dar un infarto –y a él le había dado uno de verdad–. Finalmente participó en el grupo y fue una gran ayuda para eliminar ese temor. Les contaba con palabras sencillas lo que era un infarto. El corazón, como los demás músculos del cuerpo, necesita sangre para funcionar. Los vasos son tubos que pueden tener depósitos de grasa, como las tuberías pueden tener cal. Si de esa capa de grasa se despega un trozo, puede producir un tapón. Si se tapona un vaso, puede estallar y si estalla, la zona que riega se queda sin sangre y muere. Si se muere un pedacito del músculo cardiaco, podemos seguir viviendo. Es como cuando a un montañero se le muere un trozo de dedo o de nariz. La congelación impide que la sangre llegue a la punta de los dedos o de la nariz. Si se pasa mucho tiempo en ese estado, puede llegar a morir un pedacito. Pero se puede vivir sin ese trozo de nuestro cuerpo.

Más o menos así explicaba lo que es un infarto. Por tanto, que un vaso sanguíneo se rompa, tiene que ver con una serie de factores de riesgo como el colesterol alto, tabaquismo, hipertensión… y con la propia naturaleza del tejido. Por así decir, hay quien tiene vasos de un tejido excelente y otros, los menos, tienen genéticamente un tejido muy malo. En este caso, los vasos aguantarán 15 o 20 años y un día se romperán. Si piensas en cuál es la vida media de los hombres y mujeres en España (que es de las más altas del mundo) comprenderás que, en general, el sistema vascular está hecho de un tejido que dura muchos años.

Por tanto, el infarto no tiene nada que ver con que los vasos sanguíneos se estrechen y se ensanchen o con que el corazón lata deprisa. Ya vimos que la ansiedad y el miedo a nivel fisiológico son lo mismo y este mecanismo es normal y deseable en situaciones de amenaza.

¿Entonces por qué duele el pecho y el brazo izquierdo a tantas personas con crisis de ansiedad? Por que hemos oído que eso es lo que pasa en un infarto (cosa que puede ser falsa). Hemos visto a varios cientos de pacientes con ansiedad y ninguno se quejaba de dolor en el brazo derecho. Tampoco a ninguno (salvo a Juan) le había dado un infarto ni le dio durante los cuatro meses del grupo ni en los seguimientos que solíamos hacer. ¿Qué significa esto? Que no prestaremos mucha atención a un dolor que nos de en el lado derecho. En cambio si sentimos taquicardia, dolor en el pecho y en el brazo izquierdo, empezaremos a preocuparnos ("¿Y si es un infarto…?") y prestaremos atención. La atención y el temor harán que los músculos se tensen. Prueba a tener la mano un poco tensa durante una hora. Si no aparece dolor, cosquilleos, y todo tipo de sensaciones es que eres manco. La tensión de los músculos de la respiración producirá dolor en el pecho y la de los músculos del brazo en la zona correspondiente. Estamos ante una pescadilla que se muerde la cola. Y no es raro acabar en el servicio de urgencias. (Ver gráfico "La pescadilla que se muerde la cola").

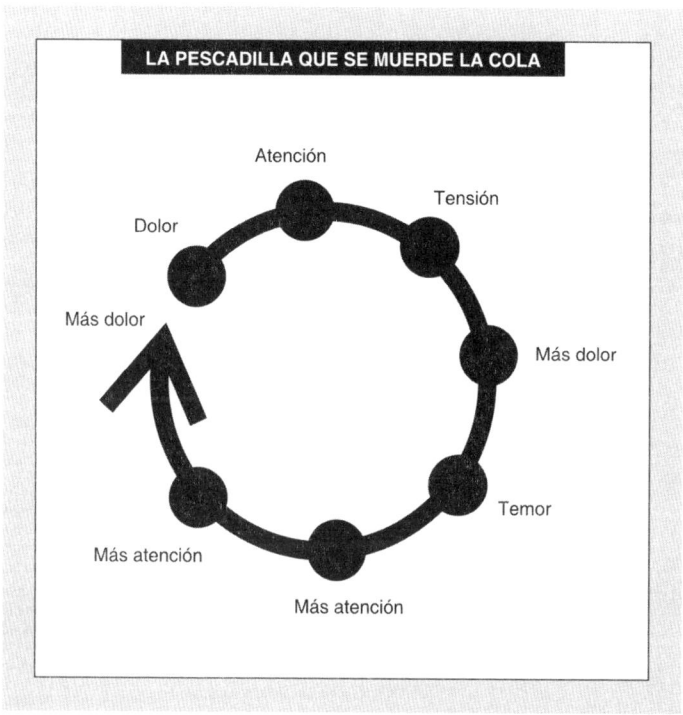

Algunos se preguntan si un exceso de estrés no acabará dañando el corazón. En Dinamarca, durante la Segunda Guerra Mundial, se produjo sobre la población una situación de gran estrés. Fueron invadidos, hubo muertes, deportaciones, migraciones... Creo que estaremos de acuerdo en que esto supone un gran estrés. Afortunadamente, los registros sanitarios siguieron funcionando. Años después Dinamarca se convirtió en uno de los países de Europa con un nivel de vida más alto. ¿Qué generación crees que tuvo más muerte por problemas coronarios: la que vivió la guerra y la posguerra o la generación de la abundancia?

Hubo menos problemas de corazón en la generación de la guerra. Parece que la explicación tiene que ver con la alimentación. La generación que vivió la guerra y posguerra se alimentó con pan negro (cereales integrales), alguna verdura y muy poca carne. La generación de la abundancia tenía a su disposición mucho más productos elaborados del tipo bollería industrial, pasteles, carne, helados, etc. Por tanto, al cabo de los años, sus arterias habían sido mucho más castigadas por la grasa que las de la generación que vivió la guerra. Un nivel medio o alto de ansiedad, aunque sea mantenido en el tiempo, produce menos daños en el sistema sanguíneo que la alimentación.

¿Qué es lo que *no* puede pasar? Volverse loco

¿Puede uno volverse loco en una crisis de ansiedad? La imagen vulgar que tenemos de un loco se corresponde con una persona que habla sólo, que oye voces que le hablan y dice cosas tan raras como que los extraterrestres le han pedido que salve al mundo o que un locutor de radio le habla a él y le da órdenes que nadie más puede entender. Hablamos de la esquizofrenia.

Es una enfermedad mental muy grave que afecta a una proporción más o menos igual de personas en España, en Estados Unidos, en Sudáfrica o en Japón, es decir, en cualquier parte del mundo. Para sufrir esta enfermedad se cree que hay que tener una predisposición genética o sufrir determinados problemas durante la gestación. Lo que dispara el primer brote (la aparición "llamativa" de la enfermedad) es el estrés. Pero el estrés no causa la enfermedad, por decirlo así, la desvela. ¿Aumenta la esquizofrenia por el estrés? No. En los estudios que se han hecho sobre catástrofes, en los que el estrés es enorme (casas destruidas, familiares muertos o desaparecidos, medio de vida hipotecado, etc.) no aumentan los casos de esquizofrenia. ¿Por qué? Por que el estrés, por sí solo, no causa "locura".

Volverse loco o perder el control, no es tan fácil como parece. Algunos creen que han perdido el control por que han salido corriendo de unos grandes almacenes o porque han dejado la misa a medias o una obra de teatro, o han hecho levantar a toda la fila de un cine para salir por piernas… Pero eso es actuar de acuerdo con el miedo que sentimos. Y con "lógica", porque algo nos dice que fuera del cine, de la iglesia, o del supermercado se nos va a pasar todo, o vamos a poder respirar o… en definitiva, nos vamos a poner a salvo. Es cierto que nos dejamos dominar por el miedo. Pero hay una lógica en lo que hacemos. ¿Ves la misma lógica aquí que, por ejemplo, alguien que te dice que el gato le mira mal y que en él se ha reencarnado el espíritu de Belcebú?

Verte a ti mismo extraño cuando te miras en el espejo o ver extraño lo que te rodea son síntomas frecuentes de las crisis de ansiedad. Para un especialista (psiquiatra o psicólogo clínico) distinguir estos síntomas de la esquizofrenia es tan fácil como distinguir un catarro de una neumonía. Y seguramente tú ya has hablado con uno o varios especialistas…

¿Puedo desmayarme?

Sí, todos podemos desmayarnos. Si nos hemos desmayado alguna vez habremos consultado al médico para saber la causa. Quizás no metabolizamos bien el azúcar o nos ha bajado bruscamente la tensión. Si hay una causa, hay que ponerle remedio. Por ejemplo, hay adolescentes que hacen tonterías con la comida, como no desayunar o no comer determinados alimentos… hasta que un día sufren un desmayo.

En la ansiedad es mucho más frecuente la sensación de mareo que el desmayo. Cuando lo analizamos bien con los pacientes, casi nadie se ha desmayado por la ansiedad. Es poco probable el desmayo porque es un mecanismo de defensa del organismo ante una situación de emergencia. Por ejemplo, porque baje el nivel de azúcar en sangre. El desmayo es un recurso para tratar de recuperar la normalidad. De hecho, cuando se logra el objetivo, la persona suele recobrar la conciencia (bajada de azúcar).

Un hombre fue fusilado durante la segunda guerra mundial. Cuando era trasladado en una camioneta con otros cadáveres, cayó a la cuneta y estuvo cinco días en coma. Al sexto día se despertó y pudo arrastrarse hasta una casa, donde pidió ayuda. Las balas habían atravesado su cuerpo, pero durante la inconsciencia, su organismo había logrado detener la hemorragia. El desmayo es una forma de minimizar la pérdida de sangre cuando hay una herida importante.

Los que tienen fobia a la sangre a veces se desmayan cuando les van a pinchar (por ejemplo, para hacerles un análisis). ¿Crees que estas personas se mueren? Sólo dan un buen susto a quien les acompaña. Igual que el que tiene crisis de ansiedad anticipa las sensaciones, el que tiene hematofobia anticipa la sangre al ver la aguja y su cuerpo responde como si ya estuviese perdiendo sangre. Por eso se habla de "falsa alarma" o reacción exagerada.

Pero los que sufren crisis de ansiedad suelen tener sensación de mareo. Si realmente te fueras a desmayar ¿por qué se acelera el corazón? ¿Por qué te sudan las manos y te notas tan tenso? ¿Por qué respiras entrecortadamente? Realmente está actuando el mecanismo contrario al del desmayo (simpático). Pero tú interpretas la sensación como precursora del desmayo y aparece el temor. Si te fueras a desmayar, ¿por qué te acompaña la sensación de mareo toda la mañana, o toda la tarde, o todo el día? ¿Por qué desaparece, a veces, cuando te distraes con algo? ¿Por qué disminuye al tomar un relajante muscular? Experimentas síntomas de ansiedad, pero no significan desmayo, sino tensión. ¿Cómo podría explicarse si no que muchas personas cuando practican relajación a diario dejan de sentir mareo? Recuerda que la relajación pone en marcha el sistema de reposo (parasimpático) que es el mismo que actúa de forma brusca cuando nos desmayamos por las necesidades de nuestro organismo. La relajación equilibra el sistema nervioso. Es decir, por mucho que nos relajemos no llegamos nunca a desmayarnos. Al revés, la relajación produce un estado de lucidez, de concentración, de sosiego. La relajación reduce la tensión y cuanto más la practicamos mayor dominio logramos sobre nuestro sistema de reposo. Lo ideal sería detectar la tensión leve y bajarla mediante la relajación. Pero con frecuencia notamos la tensión cuando ya lleva días o meses acumulándose en nuestro organismo. Y eso son muchas veces las sensaciones de mareo producidas por la ansiedad.

¿Por qué sentimos ese deseo de escapar? ¿Por qué no podemos estar en sitios abiertos o cerrados?

Una complicación frecuente de las crisis de ansiedad es la agorafobia. En las crisis de ansiedad interpretamos que estamos en peligro y por tanto buscamos algo que nos de seguridad. Por eso se pueden producir situaciones paradójicas, porque las personas encuentran seguridad en cosas diferentes, incluso contrarias.

Si alguien tiene hambre, encontramos normal que busque comida. Si tiene mucho hambre, si lleva varios días sin comer, nos parece que será capaz de hacer cosas que no haría normalmente. Si alguien de repente se encuentra mal (crisis de ansiedad) tiene un motivo para buscar seguridad. Todo lo que le impida actuar en esa línea, aumentará la ansiedad. Veamos cómo pueden darse con el mismo origen resultados aparentemente opuestos.

Etimológicamente, *agorafobia* significa miedo a los espacios abiertos y claustrofobia, miedo a los espacios cerrados. Veremos que no es algo tan simple, pues la mayoría de los agorafóbicos sienten también miedo en los espacios cerrados por la dificultad para escapar. Agorafobia y claustrofobia son relativamente frecuentes entre los que han sufrido crisis de ansiedad. Si, como veíamos, la crisis de ansiedad provoca miedo a que nos suceda algo terrible, tanto un lugar "cerrado" –del que no puedo escapar– como un lugar "abierto" –dónde no puedo obtener ayuda porque no hay nadie– son situaciones que producen más miedo y que tienen algo en común: la dificultad para obtener ayuda en caso de necesitarla. Nos movemos en una dirección en la que creemos que está nuestra salvación y cualquier cosa que dificulte o impida ese movimiento aumentará el miedo y el deseo de ponernos a salvo. Es como cuando en un estadio de fútbol unos gamberros incendiaron unos asientos de plástico en las gradas altas. El fuego asustó tanto a los espectadores que vieron su "salvación" en saltar al campo. Todos se precipitaron hacia el césped, incluso saltando por encima de los que estaban en primera fila atrapados contra la barrera. Varios murieron asfixiados. La "salvación" se convirtió en su muerte, pero el pánico no razona; actúa.

¿Qué es lo que mueve a un agorafóbico en un lugar cerrado? Encontrar una salida rápida. Por eso en el cine se ponen en la última fila, cerca de la puerta y, de ser posible, controlándola con la vista. El simple hecho de que el acomodador corra la cortina, puede suponer un aumento insoportable de la ansiedad. Pasa lo mismo en cuartos de baño, sobre todo si parece que la puerta se puede atascar, en probadores, en el ascensor, en sitios donde hay mucha gente, en la cola del supermercado, en el autobús, en el tren, en el metro, yendo de paquete en el coche … es decir, en todos aquellos lugares donde algo me puede encerrar o donde yo no controlo que se pare para bajarme (medios de transporte públicos). En estas personas escapar se ha convertido en una prioridad absoluta.

Como más vale prevenir… hay otros que sufrieron su primera crisis de ansiedad en un autobús y llevan años sin subir en uno. Evitar los lugares donde creemos que vamos a sentir ansiedad es una estrategia frecuente. "Quien evita la tentación, evita el peligro".

Tanto escapar como evitar estos lugares *alivia* la ansiedad, pero no la resuelve. El miedo, en lugar de disminuir, aumenta a medio plazo. ¿Por qué? Porque tanto el escape como la evitación nos hacen más vulnerables, nos demuestran lo mal que estamos y lo poco que podemos hacer para controlarnos. Son "pan para hoy y hambre para mañana". Además nos convierten en bichos raros (acabamos por no poder ir a hacer la compra si no vamos acompañados, ni alejarnos de casa, ni cruzar la calle para comprar el pan…) y los que están a nuestro alrededor comienzan a cansarse de tener que anular viajes, o irse de un restaurante en plena cena, o salirse del cine, de no poder ir a bailar a una discoteca, ni quedar con los amigos en una cafetería…). Es frecuente que aparezcan discusiones y, por tanto, estrés. En resumen, el escape y la evitación, aumentan el miedo a medio plazo y hacen que nos sintamos cada vez más inseguros, más vulnerables.

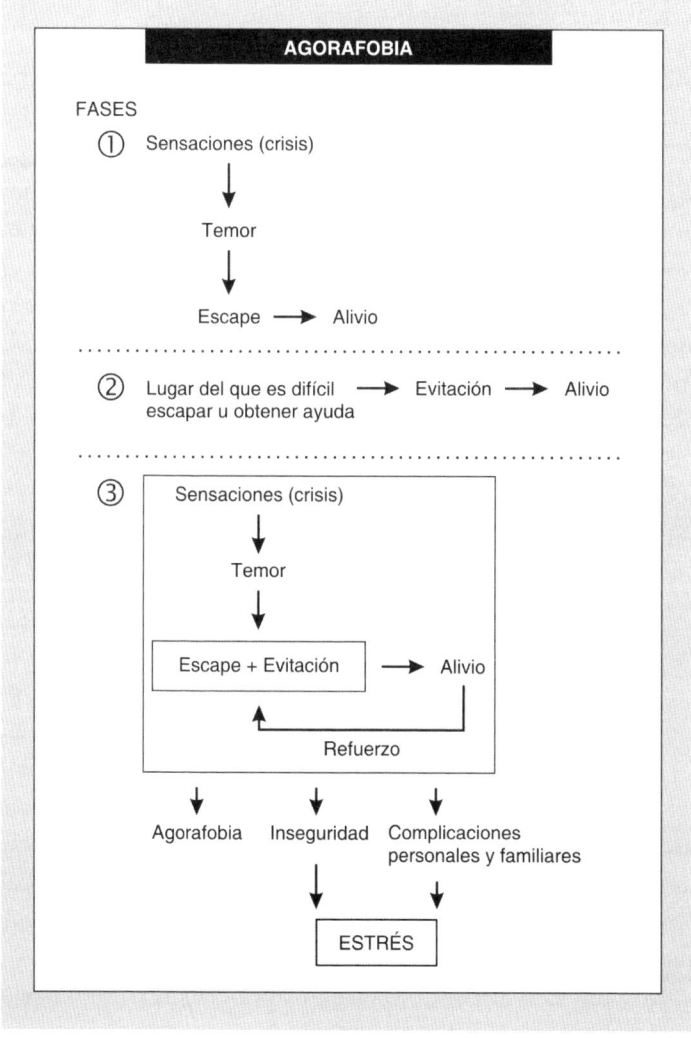

Sucede igual con el temor a los espacios "abiertos". ¿Y si me da una crisis en medio del campo o en la autopista, donde no se ve nadie en kilómetros a la redonda? Algunos pacientes conocen todos los centros de salud y hospitales en cincuenta kilómetros a la redonda. Alejarse de casa o de la ciudad que uno conoce, provoca ansiedad. La definición de qué es lo seguro, varía para diferentes personas. Algunos prefieren estar acompañados (es lo más frecuente) porque eso les da seguridad. Pero otros prefieren estar solos, porque si les da la crisis la manejan mejor. Unos prefieren que haya algunas personas en los sitios por si les pasa algo. Otros tienen tanto temor al ridículo que prefieren que no haya nadie. Una vez un paciente que no podía salir de casa solo nos sorprendió a todos de una semana para otra en un grupo: había hecho footing esa semana todos los días durante una hora.

–¿Cómo es posible, si no eras capaz ni de alejarte cien metros de tu casa? –Es que he estado corriendo alrededor del hospital, que está enfrente.

3

DESENCADENANTES DE LAS CRISIS DE ANSIEDAD

Julio C. Martín

Hace muchos años, en 1936, H. Seyle propuso un modelo llamado *Síndrome General de Adaptación* o síndrome de estrés biológico. El síndrome se caracterizaba por una reacción de alarma como respuesta a un agente nocivo, por ejemplo una quemadura. La reacción de alarma no podía mantenerse indefinidamente. Si el agente nocivo continuaba actuando, se pasaba a una fase de resistencia en la que muchas de las reacciones fisiológicas del organismo se invertían. El objetivo es lograr la adaptación, pero si no se logra o si el agente sigue actuando se pasa a una fase de agotamiento que terminaría en la muerte.

Tanto el sistema nervioso como el sistema sanguíneo son los únicos sistemas capaces de llevar mensajes a todas las partes del cuerpo. La reacción de alarma sigue estas dos vías. Por el torrente sanguíneo se transmiten por medio de las hormonas, como el cortisol y la adrenalina.

Una vez descargadas estas sustancias en la sangre, aparecerán una serie de cambios. La acción de la adrenalina, como ya hemos comentado, provoca aumento del latido cardiaco, aumento de la presión arterial, aumento de flujo sanguíneo en los músculos, aumento del mecanismo de coagulación de la sangre, etc. El cortisol, hace que aumente la cantidad de glucosa en sangre, lo que supone una fuente de energía adicional para hacer frente a las demandas del estresor. Una forma de lograr esta energía es trasformar grasa almacenada en el organismo en glucosa. Parece fácil comprender que este mecanismo no puede actuar indefinidamente.

Seyle consideraba, basándose en la investigación, que factores diferentes que producen tensión determinan esencialmente la misma respuesta de tensión biológica. Pone el ejemplo de una madre que recibe la noticia de que su hijo ha muerto en la guerra. Sufre una conmoción. Años después, resulta que la noticia es falsa y su hijo aparece de repente en casa. Esa pena y esta alegría resultado opuesto de acontecimientos concretos, pueden provocar la misma tensión, es decir una exigencia inespecífica de reajuste (la misma respuesta biológica).

Este modelo ha sido complementado en los años 70 por un concepto interactivo de estrés que permite entender mejor por qué acontecimientos iguales provocan reacciones distintas en diferentes personas o por qué acontecimientos que no han sucedido pueden provocar estrés en función de la interpretación que se haga de ellos. Pero antes veamos algunos ejemplos.

Algunos ejemplos reales

Inés soñaba que iba en un ascensor, pulsaba el botón del último piso y el ascensor subía y subía, pasaba del último piso y por más que daba al botón de parada, el ascensor no obedecía y seguía subiendo. Era un sueño angustioso y repetitivo.

Su vida se había convertido en una rutina y, tanto en el trabajo como en casa, era incapaz de poner freno a las peticiones de los demás. Si lo miramos desde fuera, podría parecernos una existencia poco estresante: Era joven, llevaba cuatro años casada, pero no tenía hijos, y su marido y ella trabajaban, por lo que no tenían demasiados problemas económicos. Llegaban a fin de mes si dificultad.

Pepe también vino por crisis de ansiedad y lo único que detectamos como desencadenante fueron problemas en el trabajo. Trabajaba para su tío y se sentía fatal sólo con entrar en el taller. El jefe le hacía el vacío de forma cada vez más evidente, no le hablaba, le criticaba a sus espaldas… En Navidad regalaron una cesta de a todos los empleados, excepto a él. Pepe lo pasaba peor al pensar que eran familia. El, que se consideraba un buen trabajador, había hecho todo lo posible por sacar el negocio adelante, haciendo horas extras sin cobrar, hasta que decidió pedir un aumento de sueldo en nombre de sus compañeros.

En el caso de Pepe podemos considerar que había unas circunstancias estresantes (que la empresa le hiciera el vacío). En el caso de Rosa, no parece que se dieran tales circunstancias. Los dos estaban estresados durante meses antes de sufrir la primera crisis.

El estrés no es sólo algo malo que nos pasa, como la muerte del cónyuge, una enfermedad, un divorcio, que nos metan en la cárcel, que nos despidan del trabajo… Hay acontecimientos deseados y esperados que producen estrés. Por ejemplo, casarse, el nacimiento de un hijo, un cambio de casa, un ascenso en el trabajo, jubilarse… ¿Quién diría que esto son hechos negativos, cuando uno mismo los ha deseado y buscado? Sin embargo son una fuente de estrés porque provocan cambios a los que tenemos que adaptarnos. Esa adaptación exige un esfuerzo extra. La mayoría de las personas pasan por alguno de estos cambios a lo largo de su vida, pero no por ello sufren crisis de ansiedad. Por tanto, el estrés no causa las crisis, pero suele ser el principal desencadenante. ¿Por qué no reaccionan todas las personas igual?

El modelo interactivo del estrés

En este modelo el estresor (lo que provoca estrés) es cualquier amenaza *potencial* en el ambiente. La palabra clave es "potencial": Primero se evalúa si una determinada circunstancia puede hacernos daño. Después se valora si uno tiene capacidad para hacer frente a esa amenaza. Estas evaluaciones son iterativas, como un programa de ordenador:

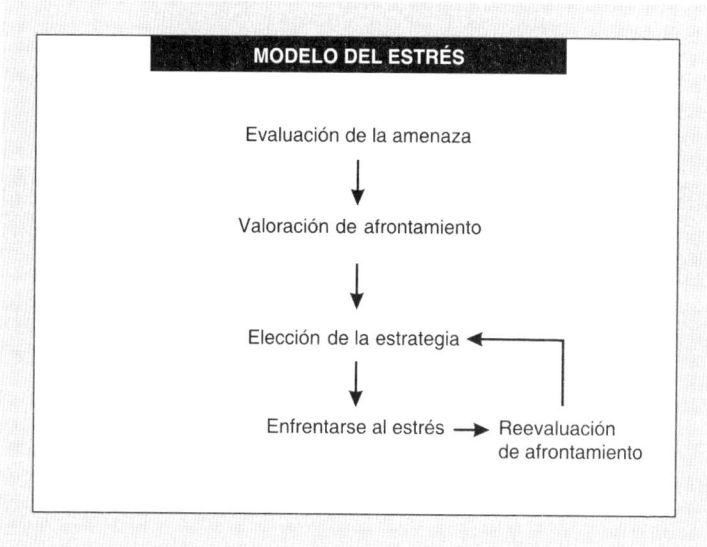

El hijo de Alfredo, que solía ir bien en los estudios, viene un día con cuatro suspensos.

Alfredo evalúa la situación como mala para el futuro de su hijo (amenaza).

Se ve capaz de afrontarlo sólo.

Tras pensarlo, decide castigarle sin salir cuatro fines de semana y le pone un severo plan de estudio.

Pone es marcha el castigo, controlando el tiempo que dedica a estudiar. Las siguientes notas son peores.

La amenaza ha empeorado.

Decide que puede resolverlo con su mujer.

Van a hablar con sus profesores y observan que tienen muy mala opinión de él. Tienen la sensación de que quieren que abandone el colegio.

Valoran que en ese colegio no va a aprobar nunca.

Deciden cambiarlo de colegio al siguiente curso.

En el colegio nuevo comienza a sacar buenas notas.

En este caso los problemas escolares del hijo han supuesto un estresor. La evaluación de amenaza puede ser algo malo que nos va a pasar a nosotros o a nuestros seres queridos (enfermedad, muerte, problemas escolares, laborales, económicos, judiciales...) pero, como dijimos, también puede ser algo bueno. Valorar la situación como una *amenaza* produce estrés. Valorarla como una *oportunidad*, provoca otras emociones (como excitación, impaciencia, alegría...). Quedarse embarazada puede ser valorado como una *amenaza* (todas las cosas malas que me pueden pasar a mí o a mi hijo) o como una *oportunidad* (estado de buena esperanza que culminará en el nacimiento de un precioso bebé). Además uno puede valorar que no es capaz de hacer frente a la situación ("en el fondo, no se me dan bien los niños, no estoy preparada para tenerlo") o que va a ser una madre competente. ¿Cómo vivirá la primera madre cada hito del embarazo, la primera ecografía, el primer movimiento del bebé, el primer dolor? En el primer caso se puede vivir una larga temporada de estrés. En el segundo, esos mismos hechos se pueden esperar con ilusión y vivir con gran alegría, posiblemente con algunos momentos puntuales de incertidumbre o temor.

Por tanto, cuando se produce un cambio, la persona valora la situación y su capacidad para hacerla frente. Si exageramos el alcance de la situación y minusvaloramos nuestra capacidad para afrontarla, la tensión será mucho mayor que si enfocamos adecuadamente la situación y nuestra capacidad para hacerla frente.

Hay circunstancias que no tienen solución (por ejemplo, un divorcio o la muerte de un ser querido). El afrontamiento en estos casos pasa por aceptar el hecho: es emocional. Ni podemos hacer que la persona a la que amamos vuelva a querernos, ni podemos resucitar a los muertos.

Otros problemas tienen solución, pero pueden afrontarse de diversas formas. Por ejemplo, quedarse en el paro. Hay quien se pone a buscar empleo inmediatamente y hay quien se queda tranquilamente en casa cobrando el subsidio hasta agotar los plazos. En cualquier caso, se producen cambios a los que hay que adaptarse (quedarse más horas en casa, quizás recibir reproches de la pareja, tener que hacer tareas diferentes de las habituales…). Si alguien valora de entrada que la situación es muy difícil de resolver y se ve incapacitado para hacerle frente, el nivel de tensión subirá. En nuestro ejemplo, el que se queda en paro cree que es muy difícil, si no imposible, encontrar trabajo y "más yo que no tengo ni oficio, ni beneficio". Valorar así la situación conduce a una mayor tensión y a hacer menos esfuerzos por conseguir trabajo.

Si a esto se le une poca habilidad para manejar la nueva situación (discusiones en casa con sus padres o su pareja, desagrado al realizar otras tareas, sensación de inutilidad, etc.) el nivel de tensión sube y se acumula. Un día, de repente, sin motivo aparente, se dispara una crisis de ansiedad. A partir de ese momento, la atención pasa a las crisis, por lo que dejamos de preocuparnos por lo que nos estresa. Y dejamos la pantera escondida, al acecho.

Bernarda tenía a su madre ingresada en el hospital. Hacía las cosas de su casa, iba a cuidarla, dormía algunas noches en el hospital, luego iba a poner la comida a su padre y a limpiarle un poco la casa y no se olvidaba de atender a los suyos y dejarles la comida hecha por la noche antes de irse al hospital. Mientras llevó todo este trajín, no sintió nada particular. Pero cuando dieron el alta a su madre y todo volvió a la normalidad, una noche, estando viendo la tele, empezó a tener los síntomas de una crisis. "No lo entiendo, cuando más descansada estaba…" saltó la pantera. La hospitalización de la madre provoca un cambio en la vida de Bernarda. Por primera vez, según confiesa luego, se plantea que su madre puede morir (amenaza). La acumulación de tareas sin apenas descanso es una mala estrategia para adaptarse a una situación que se prolonga durante tres semanas. Cualquiera que haya estado durmiendo en los famosos butacones de la Seguridad Social sabe como tiene el cuerpo al cabo de dos o tres días.

Hay factores emocionales en juego como lo mucho o poco que tememos a la muerte, por ejemplo, que hacen que la enfermedad de un ser querido se convierta en una amenaza muy grande, que nos desborda o en algo más manejable.

Hay factores estratégicos como saber delegar, pedir ayuda, organizar las tareas en la casa de otra forma, descansar, bajar el listón, etc. que nos pueden ayudar a sobrellevar mejor una situación. Imagine lo contrario: quiero hacerlo yo todo, no pido ayuda a nadie por no molestar, las tareas en casa las hago cuando puedo y quiero tener la casa tan limpia como si no pasara nada, a costa de no descansar… ¿Cuál de las dos tiene mayor probabilidad de conseguir *adaptarse* a la situación? ¿Cuál de las dos personas estará más estresada al cabo de 10 días?

Por tanto, la misma situación no crea el mismo estrés a dos personas distintas. Hay personas que no reconocen el estrés. Como tampoco se dan cuenta del consumo de determinadas sustancias que pueden hacer que el nivel de tensión suba.

Carmen comenzó a hacer una dieta en la que sólo podía beber agua y coca cola light. Cuando le pregunté si bebía café o excitantes me dijo que no. Cuando salió el tema de la comida y empezamos a sumar vasos, resultó que, aunque ya no hacía dieta, bebía ¡dos litros! de coca cola al día. El efecto de la cafeína es similar al de la ansiedad y puede llegar a provocar taquicardias en personas que no padecen ansiedad. Sólo es cuestión de grado.

Resumiendo, hay circunstancias positivas y negativas en la vida de las personas que producen cambios a los que tenemos que adaptarnos. Entre las positivas podemos citar casarse, tener un hijo, cambiar de domicilio, ascender en el trabajo (cambiando de tareas) ganar la lotería, comprarse un piso o irse al extranjero. Se entiende que tales situaciones son deseadas y por eso las calificamos de positivas.

Entre las circunstancias negativas –las que de forma natural asociamos al estrés– estarían la enfermedad y/o muerte de un familiar, la pérdida del empleo, la separación o el divorcio, los problemas económicos o laborales o con la justicia, etc. Por supuesto, hay situaciones que provocan cambios mucho más importantes que otras: por ejemplo la muerte de una madre que vive en casa y que además cuida de los niños y los recoge del colegio… será diferente a la de una tía que vive en Alemania, a la que hace 20 años que no vemos y con la que nunca nos entendimos. Pero también, como hemos visto más arriba, la valoración que hacemos de una misma circunstancia varía de una persona a otra y las estrategias de afrontamiento también. Por eso, personas que pasan por una misma situación pueden estar más o menos estresadas.

Inés, la joven que soñaba con el ascensor, era incapaz de decir no a su jefe. Asumía todas las tareas que le pedía, aunque tuviera que quedarse a hacer horas extras. Además, como era eficaz, su compañero le pedía que hiciera tareas que el "no sabía hacer" y luego se ponía mala viendo como perdía el tiempo hablando por teléfono o leyendo el periódico. Inés, como el ascensor, no tenía límites. Se pasaba del quinto, del sexto y del séptimo... El estado de sobrecarga era cada vez mayor, hasta que tuvo la primera crisis de ansiedad. Entonces pidió la baja en el trabajo y sólo de pensar en volver se le ponían los pelos de punta. Le costó mucho reconocer la influencia de su actitud en el trabajo como "colaboradora" de sus crisis de ansiedad.

Si definimos mal un problema de estrés impedimos la solución. En el caso de Inés eran los demás los que tenían que cambiar y actuar de una manera más justa. Ella siempre actuaba como "debía". Era una buena empleada y una buena compañera y una buena esposa. El único problema eran las crisis de ansiedad.

Si ponemos el énfasis en algo externo a nosotros, ¿qué podemos hacer? Esperar a que vengan mejores tiempos. Esto sólo es cierto en los problemas que no tienen solución, por ejemplo la muerte de un familiar, el diagnóstico de una enfermedad incurable, la pérdida de una relación, etc. Aunque todo eso sea "irreversible" y ajeno a nosotros, nuestra actitud puede ser:

1. Evitarlo y negarnos a pensar en ello.
2. Aceptarlo y seguir adelante con nuestra vida, adaptándonos a los cambios que eso supone, o
3. No aceptarlo y preguntarnos mil veces ¿por qué? ¿Por qué a mi? ¿Por qué ahora? ¿Por qué tan pronto?

Estos interrogantes sin respuesta provocan más tensión. Y no se puede resolver esa tensión, como tampoco se puede contestar a esas preguntas. Son absurdas: plantean problemas sin solución.

Una pregunta más acertada sería: ¿Estoy evitando hacer frente un problema, una persona, una circunstancia, un sentimiento? En ese caso, ¿qué puedo hacer para afrontar la situación?

a. Para aceptarla, si no tiene solución
b. Para resolver los problemas que plantea.
   – de orden práctico
   – de tipo personal

Esto frecuentemente exige tomar decisiones que uno ha estado posponiendo, hacer frente a personas o situaciones que se evitaban, cambiar estilos de vida… Lo que hay que plantearse es si todavía están activas fuentes de estrés y qué podemos hacer para desactivarlas.

4

"CAMBIAR EL CHIP" ANTE LA ANSIEDAD

Pedro Moreno

Cuando pienso en cosas tristes me pongo triste. Cuando pienso en cosas alegres me siento mejor. Cuando pienso en peligros que pueden suceder sube mi ansiedad. El pensamiento tiene un papel fundamental en las emociones que sentimos cada día. Y no me refiero al pensamiento entendido como razonamiento lógico. Tampoco al pensamiento profundo del filósofo que trata de averiguar la esencia de las cosas. No me refiero al pensamiento del ingeniero que trata de resolver un problema de conexión de ordenadores. Me refiero al diálogo que mantenemos con nosotros mismos cada día, a veces casi sin darnos cuenta. Otras veces, incluso hablándonos a nosotros mismos en voz alta.

¿Quién no se ha visto alguna vez ensayando mentalmente repetidas veces cómo se iba a declarar a la chica o al chico de sus sueños? ¿Quién no se ha sentido angustiado sólo de *imaginar* que esa chica o ese chico pudiera declinar nuestra oferta amorosa? Ése es el poder del pensamiento al que me refiero. El amplio mundo de imágenes, historias y diálogos que pueden aparecer en mi mente. Todo ese mundo mental posee un poder tremendo para hacernos sentir emociones, del mismo modo que ocurre con las películas del cine.

¿Quién no se siente triste con una película triste? ¿Quién no se ríe con una película cómica? ¿Quién no siente miedo con una película de terror? Los espectadores que se dejan llevar por la película, que se dejan envolver por la trama y el ambiente creado, inevitablemente se ven abocados a sentir las emociones planeadas por el director. Aquel espectador que no presta atención a la película, o que no se deja llevar por la atmósfera que trata de crear el director, difícilmente pueden llegar a sentir las emociones que para él estaban previstas. Es difícil sentirse triste con una película triste si estamos pensando en la mala interpretación de los actores o en los papeles que han representado esos actores en películas cómicas. Si vemos a un actor bajo y de unos cincuenta años de edad disfrazado de caperucita roja, con su peluca rubia y su capa roja, en una serie cómica, luego puede resultar difícil de olvidar aunque represente un papel dramático. Si vemos una película de terror es difícil sentir miedo con unos actores que se ríen en las escenas de miedo y con tanta salsa de tomate que parece más una fábrica de ketchup que la matanza de un psicópata. Ése es el poder del pensamiento al que nos referimos en este capítulo. El poder de dejarnos llevar por las "películas mentales" que suceden inesperadamente con cada crisis de ansiedad, sin pararnos a ver en qué medida son realistas o razonables esos pensamientos angustiosos.

La realidad *real* de la ansiedad

> **Idea clave:** Cuando te da la crisis de ansiedad, tu mente está interpretando la realidad de forma errónea y dañina. Sientes cualquier sensación extraña y *automáticamente* piensas que es algo dañino, peligroso o, simplemente, mortal. Esos pensamientos automáticos se pueden modificar.

Generalmente pensamos que nos sentimos mal por las cosas que nos pasan o por las situaciones en las que nos vemos envueltos. Pensamos que nuestro miedo y nuestra ansiedad es *por* el ataque al corazón, *por* la posibilidad de volverme loco, *por* el golpe que puedo darme si me mareo y caigo al suelo... Pero, ¿realmente nuestro miedo es *por eso*? La experiencia nos muestra que la realidad no es como se nos presenta ante los ojos, sin más. Mi mente, mi percepción e interpretación de la realidad, dice mucho sobre cómo es la realidad y los males que me afectan. Por ejemplo, cuando noto mi corazón galopando, mi corazón no grita: "¡Eh! ¡Oiga! Que usted está teniendo un infarto en este momento. Que está usted a punto de morir". Mi mente, a partir de mi conocimiento más o menos adecuado de los síntomas de un infarto, o por la simple idea de que un infarto te está dando cuando tienes el corazón latiendo muy deprisa, puede lanzar la voz de alarma general *interpretando* que ahí se está produciendo "un problema grave, que requiere ir a urgencias y que se llama *infarto*". Parece una distinción tonta, o académica, pero no es lo mismo tener una taquicardia que tener un infarto. Tampoco es lo mismo tener una sensación de extrañeza con respecto a ti mismo que estar enloqueciendo. No es lo mismo notar un dolor fuerte, como un pinchazo, en la cabeza que tener un derrame cerebral o una trombosis. La diferencia está en cómo nuestra mente analiza e interpreta la realidad, y eso es algo sobre lo que se ha estudiado mucho en psicología, especialmente sobre la forma de realizar análisis e interpretaciones de la realidad que sean más realistas, menos catastróficas.

Nuestros pensamientos suelen tener mucha importancia cuando sentimos miedo o ansiedad, especialmente aquellos pensamientos que están ocurriendo *justo antes de* sentirnos mal. De hecho, en esos pensamientos iniciales está la clave de por qué nos ponemos mal.

Algunos pacientes desean saber el origen de esos pensamientos. ¿Por qué pienso precisamente *eso* y no otra cosa? –me preguntan–. Cada persona, a lo largo de su vida, va teniendo una serie de experiencias directas y a través de lo que le ocurre a los conocidos y familiares. A partir de esa experiencia vital desarrolla unos *esquemas básicos* sobre sí mismo, el mundo y el futuro. Estos esquemas son creencias, valores, actitudes y reglas que no se cuestionan, que se asumen como verdades desde el principio de nuestra vida consciente o a lo largo de experiencias significativas. Algunos ejemplos de esquemas básicos:

- "Lo desconocido es peligroso".
- "La crítica significa rechazo personal".
- "No soy nada si nadie me quiere".
- "Tengo que agradar a los demás".
- "Soy débil".

Estos esquemas básicos facilitan que una persona se pueda poner ansiosa o que llegue a desarrollar un trastorno de ansiedad. Así, por ejemplo, una persona que está convencida de que lo desconocido es *necesariamente* peligroso puede sentir inquietud, preocupación o miedo con mayor facilidad ante situaciones o sensaciones que no sabe bien qué significan. Una persona que no se cuestiona que la crítica pueda ser distinta del rechazo personal tenderá a interpretar *cualquier crítica* como rechazo personal. Una persona que está convencida de que *es* débil tenderá a amilanarse ante cualquier situación que le resulte desconocida o desafiante.

Las distorsiones de la realidad en la ansiedad

El filósofo Descartes conjeturaba que nuestro juicio de la realidad podía ser disfrazado o alterado por un "genio maligno" sin que nosotros lo advirtiéramos. Esta imagen puede ilustrar lo que ocurre en la realidad de las personas que sufren crisis de ansiedad. Para cambiar el chip y reducir la tendencia a distorsionar la interpretación de las sensaciones corporales y de las situaciones que nos ponen nerviosos es necesario aprender a tomar distancia de nuestros propios pensamientos. No tomarlos como verdaderos necesariamente, sino como interpretaciones de la realidad que pueden ser *verdaderas, falsas o incompletas*. Hay que cambiar el chip y desarrollar el hábito de cuestionarse la validez de los pensamientos automáticos que vienen a nuestra mente cuando nos sentimos mal, cuestionarse qué evidencia real existe a favor y en contra de la interpretación que estamos haciendo de la realidad.

Muchas veces hablamos de la realidad como si fuera algo que cualquiera pudiese mirar y comprobar sencillamente. Esto no es completamente así. La realidad tiene muchos matices. ¿Qué significa una sonrisa? Puede significar cariño, ironía, compañerismo, atracción sexual, desprecio personal, amistad, sintonía con un extraño... La situación en la que se da esa sonrisa, junto con nuestra experiencia personal, es lo que nos permite *interpretar* esa sonrisa de una forma u otra. Y, como se trata de *una* interpretación, podemos acertar o no. Generalmente, cuanta más experiencia tenemos en situaciones similares, más probable es que *acertemos* en nuestra interpretación, pero siempre cabe un margen de duda.

Cuando no acertamos a interpretar correctamente una situación o una sensación corporal, es probable que estemos cometiendo alguno de los errores lógicos que se presentan a continuación.

Inferencia arbitraria: Extraer conclusiones sin tener en cuenta la evidencia objetiva, interpretando la situación de forma arbitraria. Es la base de las distorsiones cognitivas que tiene una persona que sufre crisis de ansiedad u otros trastornos emocionales. **Ejemplo:** Un día te levantas algo deprimido o irritable, quizá porque no has dormido bien o porque es uno de esos días en los que uno está un poco bajo de ánimo sin motivo aparente, y te da por pensar que estás empeorando y que no tienes futuro. Hemos convertido unas sensaciones de desánimo normales y pasajeras en la evidencia que demuestra que todo va a ir a peor. Es una inferencia arbitraria porque podíamos haber concluido igualmente, o con más fundamento, que podía ser tan sólo que te has levantado con el pie izquierdo y que mañana sería otro día.

Pensamiento catastrófico: Es una inferencia arbitraria particular, también llamada *error del adivino*. Consiste en saltar a la conclusión de que va a ocurrir algo terrible, sin tener evidencia suficiente. Este tipo de distorsión es fundamental en las personas que sufren crisis de ansiedad. Esta distorsión cognitiva es uno de los motores principales que disparan la crisis de ansiedad. **Ejemplos:** Sientes un pinchazo en el pecho y concluyes: "Me muero, esto es un infarto". O sientes un bloqueo de tu pecho y tu mente grita: "¡Me ahogo!". O sientes una taquicardia y piensas "Esto acabará mal". La primera vez que se tiene una crisis de ansiedad es normal que se dé ese salto mental del síntoma a la catástrofe. Nuestra mente ansiosa tiene facilidad para saltar a conclusiones negativas y dramatizar los peligros. Con cada nueva crisis que ocurre, cada vez tenemos más evidencia de que esos síntomas no conducen a la muerte. De hecho, no nos hemos muerto ninguna vez y mil veces hemos sentido que nos moriríamos. Digo morir, porque es el ejemplo que estamos tratando, pero igual vale para "volverse loco", "tener un derrame cerebral" o "perder el control". En cualquier caso, los pensamientos se anticipan demasiado a lo que significan los síntomas, resultando en interpretaciones catastróficas que no se ajustan a la realidad.

Lector de mentes: Es una inferencia arbitraria particular. Consiste en concluir, sin tener evidencia suficiente, que se sabe lo que está pensando otra persona. **Ejemplo:** Si dejo de tener crisis de ansiedad mi marido no me querrá acompañar más. Con los años vamos conociendo a las personas, pero nunca terminamos de conocernos. ¿Quién sabe si el marido de esa señora no está cansado más de la enfermedad y de la limitación que supone que de la propia pareja? La pareja no se atreve a salir sola y demanda que el marido la acompañe siempre, pero, si no tuviera las crisis de ansiedad ¿se separaría o se divorciaría el marido? Si lo más probable es que no fuera así, estaríamos ante un ejemplo de "lector de mentes".

Personalización: Pensar que los demás tienen una actitud negativa hacia uno mismo (cuando no disponemos de evidencia suficiente para pensar así). **Ejemplo:** No deseo acompañar a mi esposa a los grandes almacenes, porque me produce demasiada ansiedad, y me siento mal porque la veo seria. Pienso que está seria *porque* no quiero acompañarla, pero en realidad está seria porque había quedado con una amiga para tomar café y se ha enterado de que han tenido que ingresar a la madre de su amiga. El mundo no siempre gira alrededor de uno y de sus problemas. No podemos atribuir el malestar de los demás *siempre* a nosotros mismos.

Abstracción selectiva: Quedarnos sólo con una parte de la información (la negativa) sobre una situación. **Ejemplo:** Voy a terapia para el control de las crisis de ansiedad y el psicólogo me dice que la ansiedad no se cura, que "la ansiedad se domina". Yo me quedo con que *la ansiedad no se cura*. Me olvido "alegremente" de que me han dicho que puedo dominar las crisis.

Sobregeneralización: Generalizar en exceso las conclusiones negativas debidas a un hecho concreto. **Ejemplo:** No me relajo el primer día que practico la relajación muscular para el dominio de las crisis de ansiedad y me angustio porque pienso que no aprenderé a relajarme, ni a respirar adecuadamente, ni a dominar los pensamientos distorsionados. Pero ¡ojo!, yo sólo había tenido problemas para relajarme el primer día. Todavía no había probado a practicar más días ni había probado el resto de técnicas de tratamiento. Estoy sobregeneralizando.

Magnificación: Dar mucha importancia a los aspectos negativos de una experiencia. **Ejemplo:** Un día voy al supermercado y comienzo a ponerme nervioso hasta el punto que me tengo que salir y marchar a casa. Me quedo deprimido toda la tarde pensando que esto es un retroceso imperdonable en mí. Me veo acabando el resto de mis días encerrado en casa sin poder salir a la calle. Desde luego que estoy magnificando las consecuencias negativas y la trascendencia de ese acontecimiento.

Minimización: Quitar importancia a los aspectos positivos de una experiencia. **Ejemplo:** Si bien un día soy incapaz de ir al supermercado, otro día sí soy capaz de ir y cuando llego a casa mi esposa me felicita por ello. Entonces yo le quito importancia al hecho y *minimizo* la relevancia de haber sido capaz de ir al supermercado. Un día me hundo porque no soy capaz de ir al supermercado y cuando sí voy le quito toda la importancia a ese logro. ¿Por qué a veces nos resulta tan fácil filtrar la experiencia de modo que nos quedamos con lo que más daño nos hace?

Pensamiento dicotómico: Ver la realidad en blanco y negro, no como una escala de grises. Calificar el mundo, las experiencias, las personas, uno mismo, etc., de forma extremista: bueno/malo, listo/tonto, mortal/inofensivo, etc. **Ejemplos:** Soy *tonto* si no entiendo a la primera las instrucciones para dominar la ansiedad. El café es *mortal* porque me produce taquicardia. Soy *malo* porque acaparo a mi pareja para no estar nunca solo. ¿Dónde está escrito que los psicólogos sean fáciles de entender *a la primera*? Seguramente si no entiendes algo a la primera es porque no hemos sabido expresarlo mejor. ¿Es "mortal" el café? Acelera el corazón algo, pero el corazón se dispara porque te asustas ante tus sensaciones corporales y las interpretas de forma catastrófica. Si yo pensara que una taquicardia es el principio de un infarto, no dudes que también tendría una crisis de ansiedad, pero calificar de "mortal" al café, como si de un veneno potente se tratara, es ir algo lejos. Parece más bien que mi pensamiento está funcionando en modo dicotómico (inofensivo/mortal). ¿Eres "malo" por acaparar a tu pareja? La pareja está, entre otras cosas, para apoyarse en ella cuando estamos enfermos. Habría que revisar hasta qué punto está confundiéndose maldad con miedo que dispara la búsqueda de conductas protectoras. En la medida en que luches por salir adelante, de forma sincera, y con la ayuda de un profesional, es difícil que podamos calificarte de "malo".

Razonamiento emocional: Tomar nuestras emociones como evidencia para interpretar la realidad. **Ejemplo:** Si me da miedo, debe ser peligroso. Bueno, ¿dónde está escrito que las cosas sean peligrosas o no en función de si te dan miedo a ti? Algo es peligroso si entraña un peligro *real* para todos o la mayoría de los humanos. Si algo te produce miedo sin ser peligroso, objetivamente hablando, eso no lo convierte en peligroso. Un determinado síntoma, como una taquicardia o un dolor de cabeza, no puede ser peligroso, por sí mismo, cuando la probabilidad de que lo sea es baja. A veces ocurre que incluso a ti mismo ese síntoma no te asustaba antes de la primera crisis. ¿Si el dolor de cabeza no te asustaba antes, aunque fuera un dolor de cabeza real y molesto, por qué ahora va a ser más peligroso si es exactamente igual que el que tenías antes de la primera crisis, según tu propio médico? Veamos otro ejemplo: "Si no mejoro es porque no tengo solución". En muchas ocasiones los pacientes pierden la paciencia demasiado pronto. Tras años sufriendo crisis de ansiedad, la sensación de que no mejoran en cuestión de una o dos semanas ya se toma como una evidencia de que su caso no tiene solución. Por ahora los psicólogos no hacemos milagros y es necesario que el paciente tenga paciencia, que le dé la oportunidad al profesional de dejarle ayudar. Tus emociones pueden ser engañosas. *Sentir* que no tienes solución no es un razonamiento lógico, es un razonamiento *emocional*. Un razonamiento lógico es: "Vamos a probar durante tres o cuatro meses con el enfoque de este psicólogo, que se supone que está basado en estudios científicos sobre el tratamiento de las crisis de ansiedad." No pedimos años para que se vean los efectos. Pedimos tres o cuatro meses, unas 12 ó 15 sesiones, a veces menos.

Afirmaciones "Debería...": Aplicar *de modo rígido* reglas sobre nuestras obligaciones o las de los demás. **Ejemplo:** "*Debería* mejorar porque ya sé lo que me pasa". Es probable que uno pueda sentirse culpable si no mejora, una vez que ya sabe lo que le ocurre. No obstante, el tratamiento no es tan sencillo. No vale con saber que te asustas ante los síntomas de la ansiedad y que ese susto se traduce en más ansiedad, lo que hace que se dispare la crisis de ansiedad. Es necesario ir practicando una serie de ejercicios para manejar adecuadamente los síntomas y afrontar los miedos irracionales.

Estas distorsiones cognitivas pueden presentarse individualmente o de forma conjunta, como ocurre en el ejemplo del pensamiento dicotómico, que aparece la calificación del café como peligroso (pensamiento dicotómico) coordinada con el miedo taquicardia-infarto (pensamiento catastrófico).

Cómo "cambiar el chip" para dominar las crisis

Los pensamientos automáticos que albergamos ante la situación que nos pone mal contienen la clave de nuestro malestar. Es necesario, por tanto, detectar esos pensamientos automáticos que nos vienen en cada situación, justo antes de sentirnos ansiosos. Una vez que tenemos claro cuáles son estos pensamientos, el siguiente paso es cuestionarnos la evidencia que apoya, o no, esos pensamientos. Es importante prestar especial atención a las distorsiones que nos llevan a saltar a conclusiones de forma apresurada y a las que nos hacen interpretar la realidad de forma catastrófica.

Antes de introducirnos en la caza y captura de tus distorsiones, vamos a repasar un poco los conocimientos que tenemos sobre las distorsiones cognitivas. En el Ejercicio 1 tienes una lista de distorsiones cognitivas y una lista de definiciones. Trata de unir cada definición con el tipo de distorsión que corresponda. La clave de corrección la tienes al final de este capítulo.

Ejercicio 1. *Cada oveja con su pareja*

Instrucciones: Une cada distorsión cognitiva con su definición	
1. Inferencia arbitraria	A. Tomar nuestras emociones como evidencia para interpretar la realidad.
2. Pensamiento catastrófico	B. Aplicar *de modo rígido* reglas sobre nuestras obligaciones o las de los demás.
3. Abstracción selectiva	C. Es una inferencia arbitraria particular, también llamada "error del adivino". Consiste en saltar a la conclusión de que va a ocurrir algo terrible, sin tener evidencia suficiente.
4. Sobregeneralización	D. Extraer conclusiones sin tener en cuenta la evidencia objetiva, interpretando la situación de forma arbitraria.
5. Pensamiento dicotómico	E. Generalizar en exceso las conclusiones negativas debidas a un hecho concreto.
6. Razonamiento emocional	F. Quedarnos sólo con una parte de la información (la negativa) sobre una situación.
7. Afirmaciones "Debería..."	G. Ver la realidad en blanco y negro, no como una escala de grises.

Ahora vamos a realizar un ejercicio algo más complejo pero que te ayudará a ir conociendo mejor las distorsiones cognitivas que se producen en nuestro pensamiento. En el Ejercicio 2 te indicamos una lista de distorsiones cognitivas y una lista de situaciones donde se está distorsionando la realidad. Trata de identificar la principal distorsión que aparece en cada ejemplo y anota el número de distorsión principal que se está cometiendo. Ten presente que algunos ejemplos incluyen más de una distorsión. Al final del capítulo encontrarás la clave de respuestas.

Ejercicio 2. *¿Cómo distorsiono la realidad?*

Instrucciones: Identifica la distorsión cognitiva que está ocurriendo
Lista de distorsiones cognitivas: 1. Inferencia arbitraria 2. Pensamiento catastrófico 3. Sobregeneralización 4. Pensamiento dicotómico 5. Razonamiento emocional 6. Afirmaciones "Debería..." 7. Abstracción selectiva

Situación	Distorsión
A. Sientes una taquicardia y piensas "Me va a dar un infarto".	
B. El psicólogo me dice que la ansiedad no se cura, que "la ansiedad se domina". Yo me quedo con que *la ansiedad no se cura*.	
C. Soy *tonto* si no entiendo a la primera las instrucciones para dominar la ansiedad.	
D. Sientes un pinchazo en el pecho y piensas: "Me muero, esto es un infarto".	
E. No me relajo el primer día que practico la relajación muscular para el dominio de las crisis de ansiedad y me angustio porque pienso que no aprenderé a relajarme, ni a respirar adecuadamente, ni a dominar los pensamientos distorsionados.	
F. Un día te levantas algo deprimido o irritable, quizá porque no has dormido bien o porque es uno de esos días en los que uno está un poco bajo de ánimo sin motivo aparente, y te da por pensar que estás empeorando y que no tienes futuro.	
G. "Si no mejoro es porque no tengo solución".	
H. Sientes un bloqueo de tu pecho y piensas: "¡Me ahogo!".	
I. "Debería mejorar porque ya sé lo que me pasa".	

Ahora podemos prepararnos para capturar los pensamientos que ocurren en tu caso. Puede que pienses que en tu caso es distinto y que no piensas nada cuando entras en crisis. Esto me recuerda a lo que le pasa a esas personas que afirman que nunca sueñan. Basta con pedirles que presten atención cada mañana, nada más levantarse, a las primeras ideas que vengan a su mente y en cuestión de días están recordando una cantidad impresionante de sueños. Con los pensamientos automáticos que vienen a nuestra mente y que dan fuerza a la ansiedad ocurre algo similar. Muchas veces parece que no pensamos nada, que todo es automático. Pensamos que nosotros no tenemos ningún tipo de pensamiento o imagen mental antes de sentirnos ansiosos. La gran mayoría de mis pacientes, en mayor o menor medida, han sido capaces de identificar pensamientos o imágenes que automáticamente venían a su mente antes de ponerse nerviosos. Es cierto que al principio puede resultar complicado, pero con la práctica va resultando cada vez más sencilla la tarea de capturar los pensamientos o imágenes automáticas que vienen a nuestra mente.

También puede ocurrir que no venga a la mente el pensamiento ordenado como la frase que estás leyendo, con todas sus palabras. A veces se recibe como una especie de *taquigrafía mental* que condensa toda una serie de ideas, creencias y valoraciones de la situación o de uno mismo. No es raro, en una persona que tiene miedo a sufrir un infarto o un derrame cerebral, que le pueda venir a la mente tan sólo una expresión como "¡ya está!" o el esbozo de una imagen mental de un tubo que se rompe. Pero, ¿qué significa ese escueto grito mental? ¿Qué es lo que "está ya"? ¿La muerte? ¿El final? ¿El infarto? ¿El derrame cerebral? La imagen del tubo que se rompe, ¿qué simboliza? ¿La arteria cerebral rompiéndose? Una forma de investigar el significado de estos pensamientos o imágenes condensados es ponerlos sobre el papel y preguntarse a uno mismo por su conexión con la ansiedad. ¿Qué temo yo de una expresión como "¡ya está!"? ¿A dónde apunta mi angustia? ¿Qué temores básicos son los que están disparando mi ansiedad? ¿Qué es lo que no querría yo que ocurriese en ese momento, por nada del mundo? Con un poco de paciencia y dándonos la oportunidad de averiguar qué tipo de temores esconde esa taquigrafía mental es posible averiguar significados que están actuando como gasolina para el fuego de la crisis de ansiedad.

Un ejercicio que recomiendo a mis pacientes para iniciarse en el control de los pensamientos e imágenes que desencadenan la angustia ante los síntomas de ansiedad es el que se presenta a continuación. Consiste en anotar, tan pronto como sea posible y cada vez que te sientas mal, los tres elementos que ocurren en cada ocasión: A) la *situación desencadenante*, esto es, dónde estoy, con quién, qué estoy haciendo; B) los *pensamientos o imágenes automáticos* que acuden a mi mente y le dan un significado a la situación desencadenante, y que serán tanto más influyentes cuanto más los crea sin examinar su validez o su ajuste a la realidad; y C) las *emociones negativas* que siento como consecuencia de mi interpretación automática de la situación desencadenante. Podemos emplear el Auto-registro 1 para recoger los pensamientos automáticos que tenemos en las situaciones que nos ponen mal o las sensaciones previas a sentirnos ansiosos.

Auto-registro 1. *Registro ABC*

A. Situación	B. ¿Qué piensas? ¿Qué imaginas?	C. ¿Cómo te sientes?
¿Dónde estás, con quién, qué estás haciendo?	¿Qué pensamientos o imágenes tienes **justo antes** de sentirte mal? ¿Te los crees?	¿Ansioso, deprimido, triste, con miedo, avergonzado, desesperanzado?

Ten presente que a veces la situación desencadenante puede no ser lo que normalmente entendemos como "situación": estar en un sitio, con alguien, haciendo algo. A veces puede actuar como desencadenante el recuerdo de experiencias previas u otro tipo de pensamientos que acuden a nuestra mente sin más motivo. Estos pensamientos pueden conectarse con interpretaciones creadoras de ansiedad de igual manera. Como suele decirse coloquialmente, "no quiero ni pensar en eso, que me pongo malo". Recordar hechos pasados o situaciones futuras que podrían ocurrir es de igual modo un desencadenante frecuente de muchos estados de ansiedad que pueden llegar a convertirse en crisis de ansiedad.

Es típico sufrir crisis de ansiedad en lugares muy concurridos, tales como supermercados, grandes almacenes, espacios públicos, autobuses... (Ver Ejemplo 1). De alguna forma parece que estas aglomeraciones pueden dar lugar a situaciones un tanto estresantes, lo que actúa como disparador de sensaciones corporales asociadas al estrés y la ansiedad, tales como respiración superficial, tensión muscular, taquicardia. Nuestra mente, a continuación, despliega su poder amplificador para dichas sensaciones a través de la interpretación catastrófica de las mismas y realizando predicciones terribles. Entonces esa respiración superficial agrava el estado de hiperventilación y ocurre la sensación de mareo, inestabilidad o vértigo que suele acompañar a los estados de hiperventilación. Y le sigue la predicción catastrófica: "Si me mareo, caeré al suelo (muerto)". Este funcionamiento mental actúa entonces como detonante de la reacción en cadena de la crisis de ansiedad: a la interpretación catastrófica ("Esto es peligroso") le sigue un aumento de las sensaciones corporales relacionadas con la ansiedad ("Mareo") y ese aumento de sensaciones sólo sirve para confirmar las interpretaciones y predicciones catastróficas ("Esto es realmente peligroso"; "Podría morir y caerme redondo"). La palabra "muerto" ni siquiera aparece en la mente del paciente del ejemplo. Es a través de la entrevista posterior cuando el paciente se da cuenta de que teme tanto caer al suelo en esa situación porque para él ahí "caer" es una expresión de taquigrafía mental que significa "caer muerto" o "podría morir y caerme redondo". La crisis de ansiedad está compuesta en cuestión de segundos.

"CAMBIAR EL CHIP" ANTE LA ANSIEDAD

Ejemplo 1. *Rellenando un auto-registro ABC*

A. Situación	B. ¿Qué piensas? ¿Qué imaginas?	C. ¿Cómo te sientes?
Estoy en el supermercado. Hay mucha gente. Estoy esperando en la cola de la carnicería.	Me siento mareado. Creo que me puedo desmayar. Caeré al suelo (muerto). Me creo los pensamientos en un 90%.	Me noto muy tenso Me falta el aire Siento oleadas de calor Siento náuseas Tengo taquicardia

El Ejemplo 2 muestra una situación que le ocurrió recientemente a un paciente mío. Ya había sufrido previamente otras crisis de ansiedad. Su miedo típico era el que una taquicardia o un dolor en el pecho acabara en infarto. En la situación analizada la crisis de ansiedad fue algo totalmente imprevisto para él, pues estaba "tranquilamente" en su casa. Normalmente las crisis de ansiedad le habían dado fuera de casa. Sin embargo, ese día estaba en casa y ocurrió la crisis, para su extrañeza. Lo que ocurre, como pudimos analizar, es que no estaba "tranquilamente" en su casa, pues estaba viendo una película de terror. Recordemos que las crisis de ansiedad no ocurren porque uno vaya a tener realmente un ataque al corazón, un derrame cerebral o vaya a perder el control. Las crisis de ansiedad ocurren porque aparecen síntomas asociados con la ansiedad que son interpretados de forma alarmante. Cuando nos asustamos ante sensaciones corporales "normales" es cuando se dispara la crisis de ansiedad. Si uno está viendo una película de terror y se deja llevar por las emociones que ha preparado para él el director, lo "normal" es que se sienta miedo, y todos los síntomas que van asociados: tensión muscular, aceleración del latido cardiaco, respiración agitada, etc. Si ante esa agitación corporal normal (por estar viendo una película de terror) nos asustamos, entonces desconectamos de la película y nos metemos en nuestra propia película de terror: la interpretación catastrófica de los síntomas corporales.

Ejemplo 2. Rellenando un auto-registro ABC

A. Situación	B. ¿Qué piensas? ¿Qué imaginas?	C. ¿Cómo te sientes?
Estoy en casa, con un amigo, viendo una película de terror	Me duele el pecho. Voy a tener un infarto. Moriré. Me creo los pensamientos en un 90%.	Me oprime el pecho Me falta el aire Me tiembla el cuerpo Estoy muy nervioso

En el Ejemplo 3 la crisis de ansiedad se desencadena tras una discusión acalorada, al cabo de un rato. Para mi paciente, cuando anotó la situación, la crisis le parecía llovida del cielo (aunque no un regalo divino). Sin embargo, conforme fuimos hablando sobre lo que había ocurrido, descubrimos que una hora antes había estado en una situación estresante, debido a una discusión con su jefe. Esa discusión le había alterado mucho porque indirectamente parecía que le hacían responsable de algunos errores que no había cometido él. No se le culpaba directamente, pero eso hacía más difícil rebatir que él fuera culpable, como parecía insinuarse. Ya en su despacho, seguía rumiando sobre la situación, cuando comenzó a notarse raro y distante. Eso le sacó de la película mental que estaba repasando y le abocó a la crisis de ansiedad. La situación de indefensión en la que se había visto le había resultado muy estresante y eso había producido los primeros síntomas corporales que luego dan lugar a la crisis de ansiedad. Su pensamiento añade leña al fuego cuando comienza a dudar sobre su capacidad de mantener el control y aparecen algunas imágenes fugaces que insinúan lo que podría hacer si su agresividad se descargara. Todo eso le asusta y le lleva a notar sensaciones de extrañeza que le cuesta explicar. Es como si se sintiera raro, distinto; como si todo hubiera cambiado aunque seguía siendo lo mismo, tanto él como su entorno. Él sabía quién era y dónde estaba, pero tenía una sensación de extrañeza que le angustiaba mucho. "Como si estuviera loco", era la forma en la que resumía su extrañeza. Nunca había estado loco (no había tenido ninguna psicosis) pero a él le parecía que "todo eso" podía acabar en locura, lo que le angustiaba mucho. Él pensaba que se quedaría en ese estado de angustia de forma eterna. La crisis de ansiedad estaba totalmente compuesta.

Ejemplo 3. *Rellenando un auto-registro ABC*

A. Situación	B. ¿Qué piensas? ¿Qué imaginas?	C. ¿Cómo te sientes?
En mi despacho. Con un compañero (Hace un rato he discutido acaloradamente con mi jefe sobre un problema que se ha planteado en la empresa.)	Me noto raro, como distante o extraño. ¿Y si pierdo el control? Parece que me viene viene una especie de impulso agresivo (que no termino de ver claro, porque no quiero dañar a nadie). (Loco). Me creo los pensamientos en un 90%.	Noto pinchazos en el pecho Sensación de ahogo Sudo mucho Muy nervioso Taquicardia Me hierve la sangre Tengo sensaciones extrañas

Es relativamente frecuente desarrollar crisis de ansiedad después de haber pasado un mal momento por cualquier motivo. Recordemos que las situaciones estresantes tienen el poder de hacernos más vulnerables a las crisis de ansiedad. Si yo temo las sensaciones corporales asociadas con la ansiedad y el estrés todo aquello que pueda hacer que yo me estrese o me ponga ansioso tiene el poder de generar las sensaciones que temo. A veces, las sensaciones corporales también se pueden disparar por lo que llamamos "estrés positivo". Los cambios a mejor y las buenas noticias también tienen el poder de estresarnos. El ejemplo típico sería casarse. En principio, casarse siempre es una buena noticia, pero el cambio de estatus civil conlleva muchos reajustes que pueden llegar a ser estresantes: cambiar de domicilio, asumir nuevas responsabilidades, etc. Todo esto es altamente estresante y sin embargo no siempre se le concede el poder de generar alteraciones típicas asociadas al estrés.

Sin embargo, el estrés no tiene por qué producir la crisis de ansiedad en el mismo momento en el que se está viviendo la situación estresante (positiva o negativa). Más bien suele ocurrir que en esos momentos estamos volcados en la situación y tratamos de resolverla. Posteriormente es cuando resulta más probable que la alteración corporal que ha generado el estrés cree un estado de especial tendencia al desarrollo de reacciones corporales asociadas al estrés. Y es en ese momento cuando más vulnerables somos al desarrollo de la crisis de ansiedad. Ya no hay problema que resolver ni que distraiga nuestra atención. En ese momento no se espera la tensión muscular, la fatiga en la respiración, los pinchazos en el pecho ni el resto de síntomas corporales típicos de una persona estresada. De este modo, puede ser más fácil desarrollar la crisis de ansiedad. O incluso comenzar a evitar determinadas situaciones que nos ponen nerviosos o que tienden a desencadenar en nosotros los síntomas que nos llevan a la crisis de ansiedad.

Una vez que tenemos cierta práctica en detectar los pensamientos automáticos, podemos modificar el ejercicio añadiéndole al autorregistro un par de columnas más para analizar la evidencia que apoya nuestros pensamientos y explorar interpretaciones alternativas (columna D). Es importante que nos cuestionemos las imágenes y los pensamientos que acuden automáticamente a nuestra mente en el seno de una crisis de ansiedad. Estamos haciendo predicciones e interpretaciones de los síntomas que en realidad no se ajustan a lo que está ocurriendo. Estoy diciéndome: "me muero", "me caigo", "me vuelvo loco", "me da un infarto", pero nunca ocurre lo que mi pensamiento dice. Yo me puedo emocionar una y mil veces con una misma película si me dejo llevar, pero si critico a los actores, su interpretación y los efectos especiales, entonces es difícil que me pueda asustar una y otra vez con la misma película. Si yo cuestiono los pensamientos que acuden a mi mente en plena crisis, paulatinamente esos pensamientos van perdiendo poder sobre mí. Si yo me digo que he muerto mil veces ya y que sigo vivo, no es lo mismo que si digo que en esta ocasión va a ser la definitiva. ¿En qué me baso para hacer mi predicción? ¿Qué evidencia hay para sostener mis pensamientos? ¿Realmente me voy a quedar permanentemente en un estado de angustia sin fin? Ya he comprobado muchas veces que las crisis vienen y van. Nunca duran para siempre. Al final siempre pasan, por desagradables que sean. Ten presente que el mismo estado de ansiedad que tienes durante la crisis está dificultando el procesamiento racional de la información. La ansiedad dispara el instinto de conservación y provoca que primero nos alarmemos, para actuar rápidamente, y sólo después es cuando podemos pensar realmente. A través de la práctica repetida, cada vez la película nos dará menos miedo, si vamos prestando atención a cómo se repiten una y otra vez los mismos elementos.

Para facilitar la tarea de cuestionar los pensamientos es útil pasarlos al papel y tratarlos como si los hubiera escrito otra persona. De esa forma la experiencia es más terapéutica y podemos ir acumulando "pruebas" de que pocas veces las cosas son tan catastróficas, dañinas o peligrosas como pensamos.

En la última columna (E) anotamos cómo nos sentimos tras cambiar nuestra interpretación de la situación o de las sensaciones. Porque esas emociones cambiarán más y más, conforme vayamos practicando el ejercicio de tomar distancia de lo que ocurre en cada crisis de ansiedad.

Aquí tienes el ejemplo de columnas que se pueden añadir al Auto-registro 1 (ver p. 97):

Auto-registro 2. *Complemento DE para el auto-registro ABC*

D. ¿Qué evidencia tienes?	E. ¿Cómo te sientes?
¿Se ajustan a la realidad tus pensamientos? ¿Qué evidencia tienen a favor? ¿Y en contra? ¿Te crees los nuevos pensamientos?	Vuelve a valorar tu malestar y anota si ha habido algún cambio al pensar de forma más realista.

DOMINAR LAS CRISIS DE ANSIEDAD

Revisemos los ejemplos anteriores para añadir las dos columnas:

Ejemplo 4. *Rellenando un auto-registro ABCDE*

A. Situación	B. ¿Qué piensas? ¿Qué imaginas?	C. ¿Cómo te sientes?	D. ¿Qué evidencia tienes?	E. ¿Cómo te sientes?
Estoy en el supermercado. Hay mucha gente. Estoy esperando en la cola de la carnicería.	Me siento mareado. Creo que me puedo desmayar. Caeré al suelo (muerto). Me creo los pensamientos en un 90%.	Me noto muy tenso. Me falta el aire. Siento oleadas de calor. Siento náuseas. Tengo taquicardia.	Muchas veces me he sentido marcado y nunca me he desmayado. Nadie muere por sufrir ansiedad. Esto es desagradable pero no es mortal. Me creo los nuevos pensamientos en un 80%	Más tranquilo. Todavía algo nervioso, pero se está pasando.

Generalmente, cuanto más tiempo pasa desde que anotas los pensamientos en la columna B más fácil resulta rellenar la columna D. El estado de ansiedad que tienes durante la crisis "canaliza" tu pensamiento y resulta difícil ver las cosas de forma distinta. Sin embargo, con la práctica, observarás que los pensamientos se repiten una y otra vez. El hecho de escribir los pensamientos te ayuda a sacar de tu cabeza la tendencia a distorsionar la realidad, pudiendo ver con mayor claridad la realidad de la situación. Si esperas lo suficiente, compruebas que no se cumplen las predicciones catastrofistas: muchas veces te sientes mareado, parece que vas a caerte, pero al final no te caes. Muchas veces se siente uno morir en estas crisis y sin embargo nunca ocurre. Muchas veces se siente uno a punto de volverse loco, pero no ocurre. Muchas veces se siente uno a segundos de un derrame cerebral o de una trombosis, que nunca llega. Esa evidencia debemos tenerla en cuenta en futuras ocasiones.

Ya sé que a veces no llega lo que temes porque ocurre "algo", casi mágico, que impide que tenga lugar el final trágico: encuentro un sitio donde sentarme, salgo a "tomar el aire", dejo de hacer lo que llevo entre manos, interrumpo una entrevista o una clase… A veces encontramos formas "mágicas" de reducir el estado de ansiedad y comenzamos a evitar situaciones o sensaciones que nos ponen mal. Más adelante, en los capítulos correspondientes, volveremos sobre cómo dominar esa tendencia evitativa, que puede llegar a causar más daños que beneficios.

Veamos otra situación:

Ejemplo 5. *Rellenando un auto-registro ABCDE*

A. Situación	B. ¿Qué piensas? ¿Qué imaginas?	C. ¿Cómo te sientes?	D. ¿Qué evidencia tienes?	E. ¿Cómo te sientes?
Estoy en casa, con un amigo, viendo una película de terror	Me duele el pecho. Voy a tener un infarto. Moriré. Me creo los pensamientos en un 90%.	Me oprime el pecho Me falta el aire Me tiembla el cuerpo Estoy muy nervioso	Los infartos no se producen por ansiedad. El dolor del pecho es como pinchazos que vienen y van. Esos pinchazos son típicos en la hiperventilación. Moriré algún día, pero no ahora. Me creo los pensamientos en un 75%.	Más tranquilo. Parece que soltar el aire despacio me ayuda a dominar la sensación de ahogo

Es importante tener claro cómo reacciona nuestro cuerpo en una crisis de ansiedad. Reconociendo los síntomas es más difícil dejarse llevar por la interpretación catastrofista y hacer predicciones trágicas. También ayuda a tranquilizarse la combinación de ejercicios que hemos visto para el control de la respiración. Aunque ya sabes que hay dos niveles en la lucha por dominar las crisis de ansiedad:

- Un primer nivel de ataque, más centrado en reducir los síntomas que tememos, que se logra mediante la relajación y el control de la hiperventilación.

- Un segundo nivel de ataque, en el que tratamos, sobre todo, de perder el miedo a los síntomas corporales que producen el estrés y la ansiedad.

El primer nivel de ataque está bien cuando somos nuevos en la tarea de dominar las crisis de ansiedad. El segundo nivel es el que corresponde a un dominio superior de dichas crisis de ansiedad. A este nivel de dominio se accede, en una primera aproximación, mediante el control del pensamiento catastrofista y de sus predicciones trágicas. Las estrategias reductoras de síntomas (relajación, control de la hiperventilación, etc.) deben ir quedando en un segundo plano. De este modo se logra un mayor dominio de los pensamientos que disparan las crisis de ansiedad.

Veamos una última situación:

Ejemplo 6. *Rellenando un auto-registro ABCDE*

A. Situación	B. ¿Qué piensas? ¿Qué imaginas?	C. ¿Cómo te sientes?	D. ¿Qué evidencia tienes?	E. ¿Cómo te sientes?
En mi despacho. Con un compañero (Hace un rato he discutido acaloradamente con mi jefe sobre un problema que se ha planteado en la empresa.)	Me noto raro, como distante o extraño. ¿Y si pierdo el control? Parece que me viene una especie de impulso agresivo (que no termina de ver claro, porque no quiero dañar a nadie). (Loco). Me creo los pensamientos en un 90%.	Noto pinchazos en el pecho Sensación de ahogo Sudo mucho Muy nervioso Taquicardia Me hierve la sangre Tengo sensaciones extrañas	Estas sensaciones de extrañeza se deben a la hiperventilación. No es probable que pierda el control. Los impulsos agresivos son sólo otra forma de sentirme nervioso, pero no es tan fácil perder el control. Me creo los pensamientos en un 80%.	Todavía nervioso, aunque algo menos.

"CAMBIAR EL CHIP" ANTE LA ANSIEDAD

Reconocer los efectos de la ansiedad como expresiones de la propia ansiedad ayuda a ver la realidad de forma más adecuada, ayudándonos a reducir, de ese modo, las interpretaciones catastróficas de las sensaciones corporales. La práctica repetida de este ejercicio ayuda a automatizar la nueva forma de procesar la información sobre nuestras sensaciones corporales. Con el tiempo, y en la medida en la que vayamos ejercitando la observación tranquila de nuestras reacciones durante las crisis de ansiedad, cada vez resultará menos automática la respuesta de alarma descontrolada ante esas sensaciones corporales.

Recuerda que es fundamental preguntarse qué evidencia apoya nuestras imágenes y pensamientos automáticos. Que yo piense de forma automática que me estoy muriendo porque tengo un pinchazo en el pecho, no significa que eso sea real. Sobre todo si ya he ido varias veces a urgencias con un cuadro de ansiedad similar. Debo preguntarme qué evidencia tengo de que *ese pinchazo* sea la señal de un infarto. Si los síntomas se me pasan al tomar un ansiolítico en el hospital no es probable que tenga un infarto. Hay evidencia a favor de que ese pinchazo puede ser consecuencia de un ritmo de respiración forzado.

Que yo piense automáticamente que podría volverme loco porque estoy teniendo unas sensaciones muy raras, de verme a mi mismo, o mi entorno habitual, como raro y distinto, NO significa que yo me vaya a quedar en ese estado angustioso de forma permanente. Antes o después se agotará la respuesta de ansiedad que da mi organismo y, si no cesa, de puro agotamiento acabaré durmiendo. Los síntomas de la hiperventilación son desagradables, pero generalmente remiten cuando dejo de hiperventilar.

Que yo crea que podría caerme en uno de mis mareos o vértigos no quiere decir que eso vaya a ocurrir. Si controlo la hiperventilación seguramente se acabará el mareo. Además no conozco ningún paciente ansioso que se haya caído al suelo por un mareo o por un vértigo.

A veces puede ocurrir que nos resulte difícil identificar los pensamientos que desencadenan nuestra ansiedad. Con la práctica –y una vez que saben lo que están buscando–, muchos de mis pacientes encuentran más sencillo detectar esas ideas, que a veces son tan fugaces como influyentes.

Un problema que puedes encontrar al practicar esta técnica es que llegues a analizar correctamente tu pensamiento y a generar otras formas alternativas de interpretar la realidad y que, sin embargo, no logres que cambie tu estado emocional. Este problema suele deberse a que nos creemos más los pensamientos automáticos negativos que los pensamientos alternativos generados. Si no nos creemos la nueva interpretación de la realidad, difícilmente podemos llegar a sentirnos mejor. Generalmente, esta falta de credibilidad de las nuevas interpretaciones se va solucionando con la práctica.

> *Claves de corrección*
> **Ejercicio 1:** 1-D, 2-C, 3-F, 4-E, 5-G, 6-A, 7-B
> **Ejercicio 2:** A-2, B-7, C-4, D-2, E-3, F-1, G-5, H-2, I-6.

5

DOMINAR EL MIEDO A LAS SENSACIONES CORPORALES

Pedro Moreno

Una persona que tiene "fobia a los perros" ve claramente que su miedo proviene de algo *exterior* a ella misma. Tendrá poco sentido temer a perros inofensivos, pero al menos no parece ser un miedo que vaya a complicarse demasiado. Si evitamos a los perros, generalmente, nuestra vida puede seguir adelante sin mayores problemas. Tampoco es habitual que una persona con fobia a los perros se sienta desdichada, impedida o deprimida por su temor. Una solución fácil y limpia es *evitar* a ese animal que tanto miedo produce. Si no nos encontramos con perros, no hay problema.

La persona que sufre crisis de ansiedad tiene una fobia similar, pero la solución es más complicada y los efectos de no solucionar su fobia son mayores. Para entendernos, una persona con crisis de ansiedad sufre una situación semejante a la que padecería una persona con fobia a los perros si tuviera un perro escondido en su barriga (o en cualquier otra parte del cuerpo). La tragedia para esa persona es que no puede escapar de ese perro ni evitarlo sistemáticamente para hacer su vida al margen de la fauna canina. Lo que sí puede hacer es evitar aquellas situaciones que tienden a facilitar la aparición de nuevas crisis de ansiedad, aunque, por regla general, esa evitación tiene graves repercusiones en el funcionamiento diario de la persona y en el grado de malestar experimentado.

Una estrategia mejor para solucionar realmente el miedo a las sensaciones corporales consiste en hacer frente a dichas sensaciones, de forma gradual, para lograr verlas de otro modo y perderles el miedo. Siguiendo con el ejemplo del perro, si tuviésemos que plantear un método para superarlo, podríamos recurrir a la estrategia clásica de lo que los psicólogos llamamos *exposición al estímulo fóbico.*

Desde principios del siglo pasado se sabe que una buena forma de perder un miedo es enfrentarse a lo temido hasta que se agote la sensación de miedo. Cuando de pequeños nos caíamos del tobogán, nuestra abuela, que sabía mucho de psicología, nos mimaba un poquitín, nos decía "sana sana, culito de rana, si no sanas hoy, sanarás mañana" y a continuación nos llevaba de nuevo al tobogán para que siguiéramos jugando y no le cogiéramos miedo. Nuestra abuela sabía realmente cómo se manejaba el miedo fóbico.

Y muchos de los científicos que han experimentado con los miedos fóbicos podrían avalar el método de la abuela. Obviamente se pueden establecer unos pasos y unas reglas de actuación para que el método funcione de modo óptimo: máxima eficacia con mínima incomodidad. Eso es lo que vamos a desarrollar en este capítulo.

El método científico para perder el miedo

La *exposición al estímulo fóbico* es uno de los procedimientos más eficaces para superar los miedos fóbicos, si bien dicha exposición no consiste en enfrentarse a las sensaciones o las situaciones que tememos sin más. Es preciso señalar que una exposición a las sensaciones temidas *sin una planificación adecuada* producirá un incremento de nuestros miedos.

La exposición a los estímulos temidos puede realizarse en la imaginación o en vivo, es decir, imaginando que estamos sintiendo las sensaciones temidas (taquicardia, ahogo, etc.) o provocando realmente a esas sensaciones. También es posible graduar la exposición a dichas sensaciones, según nos exponemos directamente a las sensaciones que más miedo nos dan (*exposición brusca*) o nos vamos exponiendo de modo progresivo a las sensaciones que nos producen diferentes grados de miedo, de menor a mayor grado (*exposición gradual*). Nosotros recomendamos que la exposición se realice de *modo gradual y en vivo*. Tan lento como sea necesario, pero en vivo. En ocasiones, la exposición en imaginación puede ser de utilidad como *un paso previo* a la exposición en vivo. Pero pocas veces es posible superar definitivamente el miedo a una situación sin hacerle frente en vivo en algún momento.

Diversos estudios científicos, y nuestra propia experiencia profesional, nos llevan a pensar que la exposición es más efectiva si:

- Se hace en vivo.
- Durante mucho tiempo (tres o más horas).
- Con mucha frecuencia (tanta como sea posible).
- Con la atención plenamente concentrada en lo que se está haciendo (sin distracciones para sentir menos ansiedad).
- Libre de medicación ansiolítica.
- Libre de cualquier medicación psicotrópica, si no está expresamente recomendada para el paciente en buena praxis clínica.
- Libre de alcohol u otras sustancias no prescritas por un facultativo y que se empleen para reducir la ansiedad.
- Libre de cualquier amuleto u objeto que nos ayude a sentirnos aliviados.

La gran eficacia de la exposición a los estímulos temidos reside en el hecho de que nuestro organismo no puede producir ansiedad de forma indefinida más allá de un límite. Cuando dicha ansiedad se da ante estímulos inofensivos (como las sensaciones corporales de la ansiedad), mantenernos en la situación temida hace que la respuesta de ansiedad se agote.

En las primeras crisis de ansiedad, cuando una persona está teniendo las sensaciones corporales de ansiedad que teme tiene, básicamente, dos opciones:

a) hacer todo lo posible por reducir esas sensaciones: marcharse del lugar en el que se encuentra o hacer "lo que sea" para dejar de tener taquicardia, opresión en el pecho, o mareos, por citar algunas de las sensaciones que tratan de reducirse, o

b) prestar atención a sus sensaciones corporales y esperar hasta que se agoten dichas sensaciones, descubriendo que son desagradables pero inofensivas.

La primera opción resulta muy atractiva porque a corto plazo dejamos de sentir malestar, si bien aprendemos una lección peligrosa: Al escapar de la situación temida, queda la convicción de que es la mejor de las opciones para reducir la ansiedad. El efecto que causa en situaciones posteriores suele ser que toleramos menos intensidad de ansiedad y durante menos tiempo. El escape se aprende como "solución menos mala" y posteriormente damos un paso más y entramos en la evitación sistemática de los pensamientos, sensaciones y situaciones temidas. "¿Para qué ir al supermercado, si me va a dar una crisis?", "¿Para qué hacer el amor si tendré taquicardias?", "¿Para qué ir a la fiesta si me voy a marear?", "¿Para qué discutir con el jefe si luego tendré pinchazos en el pecho?", "¿Para qué ir a clase si me pondré fatal?" –podemos concluir–. Y mientras tanto, cada vez se deteriora más y más nuestra vida social, personal, académica o laboral.

La segunda opción suele ser más desagradable para la mayoría de las personas, ya que te pone en contacto con las sensaciones temidas y eso hace aumentar el estado de ansiedad y la magnitud de las sensaciones corporales. La expectativa que se afianza en esa situación es que la ansiedad y el malestar sólo pueden aumentar más y más, hasta el infarto, la trombosis, el derrame cerebral o la locura irremediable. Por eso lo "normal" (lo habitual) es tratar de reducir las sensaciones que se están produciendo mediante el escape de la situación en la que están ocurriendo.

El paciente que teme las sensaciones corporales de la ansiedad se vuelve muy "hipocondríaco" y acaba vigilando su cuerpo continuamente. La experiencia previa con sus taquicardias y otros síntomas corporales le lleva a anticipar, cada vez con mayor miedo, la aparición de nuevas crisis de ansiedad. Sin embargo, nunca logra comprobar si sus temores son reales o no. El paciente que evita tener las sensaciones corporales de la ansiedad *nunca comprueba* si sus predicciones más pesimistas se cumplen o no. Y a pesar de esto, el escape y la evitación de esas sensaciones y de las situaciones que lo producen tienen un efecto confirmatorio: "Menos mal que salí del supermercado; si no, habría tenido un infarto". ¿Realmente habría tenido un infarto *si no* hubiera salido del supermercado? Probablemente no. La taquicardia habría ido en aumento pero habría llegado un momento en el que lo temido no llega y la respuesta de ansiedad habría ido disminuyendo por sí sola. Uno no puede tener una taquicardia de duración infinita, aunque a veces así lo parezca. Y esto vale para cualquier otro síntoma de la ansiedad.

Mantenerse en la situación, sintiendo las sensaciones temidas, es más difícil, pues se ve que la ansiedad es creciente y no parece tener fin. La realidad es que exponerse a lo que tememos, sin hacer nada para evitarlo y concentrados en lo que ocurre –teniendo claro que es sólo ansiedad y que nadie muere por la ansiedad, por muy desagradable que sea–, es la única forma de comprobar que, efectivamente, la ansiedad acaba cediendo. Y cuanto más practicamos, más rápido se agota la ansiedad.

No obstante, tampoco debes pensar que hay que practicar de cualquier manera. Una regla básica debes tener presente: gradúa bien las situaciones a las que te vas a exponer, sin hacerte el valiente ni con prisas por superar tus miedos. Una segunda regla básica: procura no abandonar una situación a la cual te estés exponiendo conscientemente sin haber notado al menos un mínimo de alivio. Escapar de una situación *antes* de sentir cierto alivio puede hacer que dudes de tu capacidad para afrontar adecuadamente tus miedos, creyendo, falsamente, que eres la excepción a la regla de la eficacia de la exposición.

Veamos a continuación los pasos a dar para realizar una exposición útil para dominar el miedo a las sensaciones corporales.

Perder el miedo, paso a paso

El primer paso para perder el miedo a las sensaciones corporales es identificar bien qué sensaciones son las que tememos y bajo qué circunstancias. A continuación, es necesario practicar la exposición a esas sensaciones de forma graduada y programada. La práctica repetida irá agotando nuestro miedo a dichas sensaciones.

Identificando las sensaciones temidas

En las peores crisis de ansiedad suele ocurrir que no somos capaces de identificar claramente de dónde surgen. Es como si ocurrieran porque sí, sin más motivo. Sin embargo, cuando prestamos la debida atención, comenzamos a ver que la crisis de ansiedad tiene su origen en la aparición de sensaciones "normales" que resultan "extrañas". Parece un juego de palabras, pero no lo es. Una persona que sufre una crisis de ansiedad, sin nada que parezca desencadenarla, generalmente está funcionando en un doble nivel de procesamiento de la realidad inmediata. Por un lado, está prestando atención a sus actividades cotidianas de modo más o menos normal. Mientras, en un nivel más profundo, está chequeando continuamente su cuerpo para ver si todo funciona bien. Es como cuando uno está charlando alegremente con su vecina y de pronto se sale de la conversación porque su hijo está llorando en el cuarto contiguo. Hay un jaleo descomunal porque están todos los niños en ese cuarto, pero la madre se da cuenta de que es su hijo y no otro el que llora, aunque no estaba prestando atención –conscientemente– al cuarto de los niños.

Cuando una persona ha desarrollado miedo a las sensaciones corporales, su mente no puede dejar de chequear lo que ocurre en su cuerpo, aunque esté pendiente en cada momento del resto de actividades de la vida cotidiana.

Las crisis de pánico nocturno. En estas crisis el paciente típicamente se despierta en mitad de la noche con un ataque de pánico. A veces este hecho lo han utilizado mis pacientes para llamarme la atención sobre si realmente son "los pensamientos" los que disparan las crisis de ansiedad. Mi respuesta siempre es la misma: cuando duermes tu cerebro no se apaga completamente. Si se apagara el cerebro mientras dormimos no podríamos despertarnos, en caso de ser necesario: no podríamos oír las pisadas de un ladrón en el pasillo, no podríamos acudir a la cuna del niño cuando llora, no nos despertaría el ronquido del vecino... El cerebro siempre está procesando información, en un nivel u otro. La crisis de ansiedad nocturna no ocurre porque estamos soñando y nos despertamos asustados por la pesadilla. Eso puede ocurrir, pero no es una crisis de pánico nocturna. La crisis de pánico nocturna ocurre además en una fase del sueño no-REM, concretamente en las fases 2 ó 3, mientras que las pesadillas ocurren típicamente en la fase 5 (sueño REM: *Rapid Eyes Movement* – Movimiento de Ojos Rápido). Lo que está ocurriendo en una crisis de pánico nocturna es, precisamente, que nuestro cerebro mantiene su función de chequeo corporal para *vigilar* que no ocurra nada catastrófico mientras dormimos. Al detectar sensaciones corporales catalogadas como peligrosas, se dispara la alarma y sobreviene la crisis de pánico que nos despierta. Del mismo modo que nos despertaríamos ante cualquier señal de alarma por otro peligro (real o *imaginario).*

 ¿Y qué sensaciones "normales" se identifican como "extrañas"? En general parece que esperamos ser siempre los mismos, sin tener grandes cambios en nuestro cuerpo y en nuestras sensaciones corporales. Sin embargo, esto es sólo un efecto de la *constancia de la percepción.* Yo me reconozco a mi mismo y el color de mi piel, por citar un ejemplo, aunque me enfoque con los colores de luz más variados. Mi percepción tiende a compensar esas variaciones y yo sigo pensando que soy más o menos moreno, aunque objetivamente me vea más azulado, verdoso, rojizo o amarillento (según la luz). Lo mismo ocurre con nuestras sensaciones corporales, hasta que nos da la primera crisis de pánico. Generalmente no reparamos en nuestros latidos cardiacos, ni en la frecuencia de nuestra respiración, ni en la temperatura corporal, ni en muchas otras sensaciones que están continuamente fluctuando. A partir de la primera crisis, y gracias a la vigilancia continua que se establece, comenzamos a ser conscientes de todos los cambios y esa novedad, ese ir y venir de sensaciones, nos puede asustar si se interpreta de forma catastrófica o saltamos directamente a conclusiones negativas.

Para identificar las principales sensaciones corporales que temes, vamos a realizar una serie de ejercicios que provocan diversos tipos de sensaciones. A partir de ahí programaremos una serie de prácticas adicionales para ir perdiendo el miedo a dichas sensaciones. Estos son los ejercicios[1]:

- **Sacudida de la cabeza.** Sacude tu cabeza de lado a lado, sin forzar, durante 30 segundos. Este ejercicio induce mareo o desorientación.
- **Levantamiento de la cabeza.** Pon tu cabeza entre las piernas durante 30 segundos y a continuación levántala rápidamente. Este ejercicio produce una sensación de desmayo inminente o de bajada de tensión.
- **Contención de la respiración.** Mantén la respiración tanto como puedas o al menos 30 ó 40 segundos para producir opresión en el pecho y sensación de sofoco.
- **Tensión del cuerpo.** Tensa todo tu cuerpo, sin producirte dolor, durante un minuto (incluye cara, mandíbula, cuello, hombros, brazos, espalda, abdomen y piernas). De este modo experimentarás tensión muscular, sensación de debilidad y temblores en ciertas partes de tu cuerpo.
- **Movimiento de peonza.** Utiliza una silla de despacho, capaz de girar sobre sí misma. Siéntate en la silla y pídele a alguien que mueva la silla para que tú des vueltas sobre ti mismo durante un minuto. Este ejercicio te producirá un mareo intenso. Si

---

1. Los ejercicios presentados están adaptados de: Barlow, D.H. y Craske, M.G. (2000). *Mastery of Your Anxiety and Panic* (3ª ed.) – *Client Workbook*. San Antonio, Texas: The Psychological Corporation.

tienes facilidad para marearte cuando viajas o llegas a vomitar debido al mareo, realiza el ejercicio de forma más suave o directamente salta al siguiente ejercicio. Otra forma de hacer el ejercicio, si no se tiene una silla giratoria, consiste en ponerse de pie y dar vueltas sobre ti mismo. Es conveniente tener un sillón grande y cómodo donde sentarse a esperar que pase el mareo. También conviene retirar aquellos muebles contra los que podamos golpearnos en caso de caer por el mareo.

- **Hiperventilación forzada.**- Estando de pie o sentado, trata de respirar de forma tan rápida, forzada y profunda como sea posible durante un minuto. Imagina que tienes que llenar 50 globos para una fiesta en 60 segundos. Este ejercicio provocará las sensaciones asociadas a la hiperventilación: sensación de irrealidad, vértigo, mareo, dificultad para respirar, oleadas de frío o calor, dolor de cabeza, etc.
- **Respiración con pajilla.**- Respira durante un minuto a través de una pajilla de las utilizadas para beber, sin tomar nada de aire a través de la nariz. Se producirá una sensación de ahogo.
- **Respiración lenta.**- Respira durante un minuto tan lento como te sea posible. Esto producirá una sensación de ahogo similar a la del ejercicio anterior.
- **Fijación de la mirada.**- Abre los ojos completamente y fija tu mirada de forma intensa durante dos minutos en un punto de la pared o en el reflejo de tu cara en un espejo. Este ejercicio suele producir sensaciones de irrealidad.

Planificando la exposición a las sensaciones corporales

Practica cada uno de los nueve ejercicios indicados en la sección anterior y anota las sensaciones que te produce cada uno de ellos en los formularios correspondientes que presentamos más abajo. Para cada ejercicio marca las sensaciones que se han producido, señalando su intensidad, el miedo que te ha provocado y la similitud de las sensaciones experimentadas con las que tienes en tus crisis de ansiedad. Utiliza la siguiente escala:

Tabla 1. *Escala de medida*

1	2	3	4	5
Nada	Un poco	Término medio	Bastante	Mucho

Nota importante: Los ejercicios tienen una intensidad moderada, por lo que son aptos para cualquier persona con un estado de salud normal. Si tienes dudas sobre tu estado de salud, o padeces algún tipo de enfermedad, consulta con tu médico la idoneidad de practicar cada uno de los ejercicios presentados.

Ejercicio 3. *Sacudida de la cabeza*

Instrucciones: Sacude tu cabeza de lado a lado, sin forzar, durante 30 segundos.			
Sensaciones producidas	Intensidad de la sensación	Miedo que provoca	Similitud con la realidad
Mareo			
Desorientación			
Otras			
Puntuaciones máximas			

Ejercicio 4. *Levantamiento de la cabeza*

Instrucciones: Pon tu cabeza entre las piernas durante 30 segundos y a continuación levántala rápidamente.			
Sensaciones producidas	Intensidad de la sensación	Miedo que provoca	Similitud con la realidad
Desmayo			
Bajada de tensión			
Otras			
Puntuaciones máximas			

Ejercicio 5. *Contención de la respiración*

Instrucciones: Mantén la respiración tanto como puedas o al menos 30 ó 40 segundos para producir opresión en el pecho y sensación de sofoco.

Sensaciones producidas	Intensidad de la sensación	Miedo que provoca	Similitud con la realidad
Opresión en el pecho			
Sofoco			
Otras			
Puntuaciones máximas			

Ejercicio 6. *Tensión del cuerpo*

Instrucciones: Tensa todo tu cuerpo, sin producirte dolor, durante un minuto (incluye cara, mandíbula, cuello, hombros, brazos, espalda, abdomen y piernas). De este modo experimentarás tensión muscular, sensación de debilidad y temblores en ciertas partes de tu cuerpo.

Sensaciones producidas	Intensidad de la sensación	Miedo que provoca	Similitud con la realidad
Debilidad muscular			
Sensación de debilidad			
Temblores			
Otras			
Puntuaciones máximas			

Ejercicio 7. *Movimiento de peonza*

Instrucciones: Utiliza una silla de despacho, capaz de girar sobre sí misma. Siéntate en la silla y pídele a alguien que mueva la silla para que tú des vueltas sobre ti mismo durante un minuto. Este ejercicio te producirá un mareo intenso. Si tienes facilidad para marearte cuando viajas o llegas a vomitar debido al mareo, realiza el ejercicio de forma más suave o directamente salta al siguiente ejercicio. Otra forma de hacer el ejercicio, si no se tiene una silla giratoria, consiste en ponerse de pie y dar vueltas sobre ti mismo. Es conveniente tener un sillón grande y cómodo donde sentarse a esperar que pase el mareo. También conviene retirar aquellos muebles contra los que podamos golpearnos en caso de caer por el mareo.

Sensaciones producidas	Intensidad de la sensación	Miedo que provoca	Similitud con la realidad
Mareo			
Náuseas			
Otras			
Puntuaciones máximas			

Ejercicio 8. *Hiperventilación forzada*

Instrucciones: Estando de pie o sentado, trata de respirar de forma tan rápida, forzada y profunda como sea posible durante un minuto. Imagina que tienes que llenar 50 globos para una fiesta en 60 segundos. Este ejercicio provocará las sensaciones asociadas a la hiperventilación: sensación de irrealidad, vértigo, mareo, dificultad para respirar, oleadas de frío o calor, dolor de cabeza, etc.

Sensaciones producidas	Intensidad de la sensación	Miedo que provoca	Similitud con la realidad
Sensación de irrealidad			
Vértigo			
Mareo			
Dificultad para respirar			
Oleadas de frío			
Oleadas de calor			
Dolor de cabeza			
Otras			
Puntuaciones máximas			

Ejercicio 9. *Respiración con pajilla*

Instrucciones: Respira durante un minuto a través de una pajilla de las utilizadas para beber, sin tomar nada de aire a través de la nariz. Se producirá una sensación de ahogo.

Sensaciones producidas	Intensidad de la sensación	Miedo que provoca	Similitud con la realidad
Ahogo			
Otras			
Puntuaciones máximas			

Ejercicio 10. *Respiración lenta*

Instrucciones: Respira durante un minuto tan lento como sea posible. Esto producirá una sensación de ahogo similar a la del ejercicio anterior.

Sensaciones producidas	Intensidad de la sensación	Miedo que provoca	Similitud con la realidad
Ahogo			
Otras			
Puntuaciones máximas			

Ejercicio 11. *Fijación de la mirada*

Instrucciones: Abre los ojos completamente y fija tu mirada de forma intensa durante dos minutos en un punto de la pared o en el reflejo de tu cara en un espejo. Este ejercicio suele producir sensaciones de irrealidad.

Sensaciones producidas	Intensidad de la sensación	Miedo que provoca	Similitud con la realidad
Sensación de irrealidad			
Otras			
Puntuaciones máximas			

¿Has sentido miedo durante los ejercicios? ¿Se parecían las sensaciones a las que sientes cuando tienes crisis de ansiedad? En algunos casos no se logra provocar miedo con estos ejercicios. La causa de esa falta de miedo puede ser múltiple. En algunos casos ocurre que las sensaciones temidas no se producen mediante los ejercicios propuestos. Si temes otras sensaciones que no están relacionadas con las que hemos tratado de inducir será necesario ser creativo para buscar otros ejercicios que las puedan provocar. Puede ocurrir también que no se ha logrado producir miedo suficiente porque los ejercicios se han realizado de un modo más suave o ligero que lo recomendado (posiblemente por el miedo a que ocurrieran las sensaciones temidas). En este caso conviene que recuerdes la importancia general del procedimiento: si no te expones a las sensaciones temidas difícilmente vamos a lograr agotar el miedo que producen.

También es posible que no hayas logrado sentir miedo porque eras consciente de estar provocando tú mismo las sensaciones mediante los ejercicios. Esto ocurre con cierta frecuencia. Y no es malo. Es una evidencia más de que las sensaciones son inofensivas y que lo que dispara la crisis es el pensamiento catastrófico que generamos a partir de ellas. En este caso, "como tengo una explicación clara de que la sensación se debe al ejercicio", no hay motivos de preocupación. Este razonamiento puedes llevarlo a tu vida cotidiana general: si puedo producir estas sensaciones sin que signifique nada especial, cuando tengo esas sensaciones en la vida cotidiana es porque no significan nada en especial. Si te quedan dudas sobre el significado real de estas sensaciones en la vida cotidiana conviene que vuelvas a leer los capítulos 2 y 3.

Para finalizar la planificación de la exposición, para cada ejercicio, traslada a la fila de "Puntuación máxima" la puntuación más elevada que hayas obtenido en cada columna (Intensidad, Miedo y Similitud). Para posteriores prácticas seleccionaremos aquellos ejercicios en los que la puntuación máxima en similitud con la realidad sea al menos un 3 ("término medio").

Cómo practicar la exposición

La eficacia de la exposición a los estímulos temidos se basa en el agotamiento de la ansiedad por la repetición de la práctica. Eso significa que cuanto más practiques los ejercicios de exposición más dominio tendrás sobre el miedo que te producen las sensaciones corporales. La exposición, como decíamos al principio del capítulo, será más efectiva si dedicas periodos largos de práctica a los ejercicios, con tanta frecuencia como sea posible y realizando un esfuerzo por concentrar la atención en las sensaciones que estás experimentando, por desagradables que puedan resultarte. La distracción de las sensaciones es una de las causas por las que estos ejercicios pueden resultar ineficaces: Si experimentas las sensaciones pero procuras pensar en otra cosa no es posible que se agote la ansiedad.

Si estás tomando medicación a demanda, según tu estado, es decir, si has recibido de tu médico la indicación de tomar alguna medicación sólo cuando te encuentres mal o en una crisis, es preferible que realices estos ejercicios sin tomar dicha medicación, en la medida de lo posible. No tiene mucho sentido provocar unas sensaciones inofensivas si vamos a tomar inmediatamente una medicación para aplacar dichas sensaciones. La medicación que típicamente se toma en estos casos es del tipo denominado ansiolítico (ver p. 163). La única misión de dicha medicación es reducir el estado de ansiedad, sin más pretensiones curativas a largo plazo. El efecto paliativo de dicha medicación es, por otro lado, una prueba más de que tus sensaciones corporales son producidas por la ansiedad y que, por tanto, son inofensivas. Si pese a todo no te ves capaz de realizar los ejercicios sin tomar dicha medicación, es preferible realizarlos –aun tomado dicha medicación– a no realizarlos. Posteriormente podrás ir reduciendo el aporte de esa medicación adicional para momentos de ansiedad.

Por otro lado, y aprovechando que hablamos de la cuestión de la toma de medicación, queremos insistir en nuestro gran respeto por los fármacos para el auxilio de las crisis de ansiedad. Estamos convencidos de que aportan una ayuda necesaria en determinados casos, especialmente cuando no están disponibles o accesibles tratamientos psicológicos especializados para el dominio de las crisis de ansiedad. En cualquier caso, dejamos constancia de que en ningún caso los autores estamos de acuerdo con que el paciente se automedique o modifique la toma de medicación sin consultarlo previamente con su médico. (Para más información sobre medicación para las crisis de ansiedad te remitimos al capítulo 7).

Las reflexiones que hemos realizado para los ansiolíticos pueden extenderse a cualquier otra sustancia que se consuma con la finalidad de reducir los estados de ansiedad. Ejemplos habituales son el alcohol y el *cannabis*. Las personas ansiosas tienen un riesgo elevado de desarrollar dependencia de estas sustancias, pues tienen unos efectos reductores de la ansiedad que pueden llegar a ser muy valorados por ellas. No obstante, los efectos a largo plazo nunca compensan el alivio inicial que puedan producir. Además, el consumo de alcohol, cannabis y otras sustancias adictivas puede producir síntomas psicológicos que pueden alcanzar una gravedad superior a la de las propias crisis de ansiedad.

Una vez que tenemos claro que el miedo a las sensaciones corporales se agota sólo mediante la exposición repetida a dichas sensaciones, y sin interferencias en dicha práctica, ya sólo es cuestión de comenzar a provocar dichas sensaciones una y otra vez hasta que el miedo vaya agotándose.

Para reducir la dificultad de esta tarea podemos graduar los ejercicios de exposición, practicando primero aquellos ejercicios que menos miedo nos produzcan. De ese modo podemos ir ganando seguridad con la práctica y así afrontar mejor las tareas.

Revisa los ejercicios que practicaste y, teniendo como criterio la puntuación máxima que has otorgado a cada ejercicio en la columna "Miedo que provoca", ordena los ejercicios de menos a más miedo provocado. Comienza practicando los ejercicios en los que marcaste un 2. Repite dichos ejercicios una y otra vez hasta que la puntuación de miedo provocado disminuya a 1. Una vez que logres disminuir la puntuación de miedo provocado puedes pasar a los ejercicios del siguiente nivel (grado 3). Cuando se reduzca el miedo que producen dichos ejercicios a un nivel de 1, continúa con el siguiente nivel, procediendo de este modo hasta alcanzar los ejercicios que te produjeron un grado 5 de miedo.

Recuerda que se trata de producir las sensaciones que temes para que se agote el miedo y logres dominarlo. Por tanto es importante que trates de mantener los ejercicios al menos 30 ó 40 segundos más allá de lo que se solicita, sin tratar de evitar que esas sensaciones lleguen a niveles de intensidad fuerte. Si no produces sensaciones de intensidad fuerte es probable que no tengan ningún efecto curativo estos ejercicios. Se trata de provocar las peores sensaciones de ansiedad para lograr aprender la lección de que "al final" no ocurre nada dramático o trágico.

Una vez que hayas finalizado el ejercicio y que hayas anotado las sensaciones que se producen con cada práctica puede ser un momento bueno para aplicar las técnicas que ya conoces para el manejo de la ansiedad: ejercicios de relajación, manejo del pensamiento, etc. Si en algún ejercicio encuentras difícil reducir tu miedo a un nivel de 1 tras varios intentos (5 o 6) quizá sea mejor dejar esa práctica y continuarla al día siguiente.

Un ejemplo, paso a paso

Sonia sufría con frecuencia crisis de ansiedad. Antes de practicar los ejercicios de exposición indicados en este capítulo había practicado ya los ejercicios para el control de la ansiedad presentados en capítulos previos (reeducación de la respiración, relajación, control de pensamientos catastróficos, etc.). Veamos a continuación cómo realizó el proceso completo de exposición a las sensaciones corporales temidas, para ver cómo engrana cada parte con las demás.

El primer paso que dio fue realizar los nueve ejercicios indicados para explorar las sensaciones temidas y poder cuantificarlas. (Más abajo se presentan las fichas que completó después de cada ejercicio.) Presta atención a las sensaciones que marcó en cada caso y cómo valoró cada sensación en intensidad, miedo provocado y similitud de las sensaciones con las que tiene en sus crisis de ansiedad. Recuerda que empleó una escala de 1 a 5 puntos (ver el epígrafe "Planificando la exposición a las sensaciones corporales", p. 117). Al finalizar cada ejercicio trasladó la puntuación más elevada de cada columna (Intensidad-Miedo-Similitud) a la casilla correspondiente de la fila "Puntuaciones máximas".

Ejemplo 7. *Sacudida de la cabeza*

Instrucciones: Sacude tu cabeza de lado a lado, sin forzar, durante 30 segundos.

Sensaciones producidas	Intensidad de la sensación	Miedo que provoca	Similitud con la realidad
Mareo	4	4	3
Desorientación	3	4	4
Otras			
Puntuaciones máximas	4	4	4

Ejemplo 8. *Levantamiento de la cabeza*

Instrucciones: Pon tu cabeza entre las piernas durante 30 segundos y a continuación levántala rápidamente.

Sensaciones producidas	Intensidad de la sensación	Miedo que provoca	Similitud con la realidad
Desmayo			
Bajada de tensión	4	2	2
Otras			
Puntuaciones máximas	4	2	2

Ejemplo 9. *Contención de la respiración*

Instrucciones: Mantén la respiración tanto como puedas o al menos 30 ó 40 segundos para producir opresión en el pecho y sensación de sofoco.

Sensaciones producidas	Intensidad de la sensación	Miedo que provoca	Similitud con la realidad
Opresión en el pecho			
Sofoco	5	3	4
Otras			
Puntuaciones máximas	5	3	4

Ejemplo 10. *Tensión del cuerpo*

Instrucciones: Tensa todo tu cuerpo, sin producirte dolor, durante un minuto (incluye cara, mandíbula, cuello, hombros, brazos, espalda, abdomen y piernas). De este modo experimentarás tensión muscular, sensación de debilidad y temblores en ciertas partes de tu cuerpo.

Sensaciones producidas	Intensidad de la sensación	Miedo que provoca	Similitud con la realidad
Debilidad muscular	2	2	3
Temblores	3	1	3
Otras			
Puntuaciones máximas	3	2	3

Ejemplo 11. *Movimiento de peonza*

Instrucciones: Utiliza una silla de despacho, capaz de girar sobre sí misma. Siéntate en la silla y pídele a alguien que mueva la silla para que tú des vueltas sobre ti mismo durante un minuto. Este ejercicio te producirá un mareo intenso. Si tienes facilidad para marearte cuando viajas o llegas a vomitar debido al mareo, realiza el ejercicio de forma más suave o directamente salta al siguiente ejercicio. Otra forma de hacer el ejercicio, si no se tiene una silla giratoria, consiste en ponerse de pie y dar vueltas sobre ti mismo. Es conveniente tener un sillón grande y cómodo donde sentarse a esperar que pase el mareo. También conviene retirar aquellos muebles contra los que podamos golpearnos en caso de caer por el mareo.

Sensaciones producidas	Intensidad de la sensación	Miedo que provoca	Similitud con la realidad
Mareo	5	4	5
Náuseas	2	2	4
Otras			
Puntuaciones máximas	5	4	5

Ejemplo 12. *Hiperventilación forzada*

Instrucciones: Estando de pie o sentado, trata de respirar de forma tan rápida, forzada y profunda como sea posible durante un minuto. Imagina que tienes que llenar 50 globos para una fiesta en 60 segundos. Este ejercicio provocará las sensaciones asociadas a la hiperventilación: sensación de irrealidad, vértigo, mareo, dificultad para respirar, oleadas de frío o calor, dolor de cabeza, etc.

Sensaciones producidas	Intensidad de la sensación	Miedo que provoca	Similitud con la realidad
Sensación de irrealidad	4	5	4
Vértigo			
Mareo	4	4	4
Dificultad para respirar	2	1	4
Oleadas de frío			
Oleadas de calor	3	1	4
Dolor de cabeza			
Otras			
Puntuaciones máximas	4	5	4

Ejemplo 13. *Respiración con pajilla*

Instrucciones: Respira durante un minuto a través de una pajilla de las utilizadas para beber, sin tomar nada de aire a través de la nariz. Se producirá una sensación de ahogo.

Sensaciones producidas	Intensidad de la sensación	Miedo que provoca	Similitud con la realidad
Ahogo	5	2	4
Otras			
Puntuaciones máximas	5	2	4

Ejemplo 14. *Respiración lenta*

Instrucciones: Respira durante un minuto tan lento como sea posible. Esto producirá una sensación de ahogo similar a la del ejercicio anterior.

Sensaciones producidas	Intensidad de la sensación	Miedo que provoca	Similitud con la realidad
Ahogo	5	1	4
Otras			
Puntuaciones máximas	5	1	4

Ejemplo 15. *Fijación de la mirada*

Instrucciones: Abre los ojos completamente y fija tu mirada de forma intensa durante dos minutos en un punto de la pared o en el reflejo de tu cara en un espejo. Este ejercicio suele producir sensaciones de irrealidad.

Sensaciones producidas	Intensidad de la sensación	Miedo que provoca	Similitud con la realidad
Sensación de irrealidad	4	5	4
Otras			
Puntuaciones máximas	4	5	4

Una vez que realizó todos los ejercicios reunió en un cuaderno la información de los que le habían provocado miedo, ordenándolos de menor a mayor, en función del miedo que le producían. En la Tabla 2 se presenta la jerarquía de miedo que realizó Sonia a partir de lo que sintió en los ejercicios:

Tabla 2. *Miedo provocado por cada ejercicio.*

Ejercicio	Miedo
Respiración lenta	1
Levantamiento de la cabeza	2
Tensión del cuerpo	2
Respiración con pajilla	2
Contención de la respiración	3
Sacudida de la cabeza	4
Movimiento de peonza	4
Hiperventilación forzada	5
Fijación de la mirada	5

Para llevar un registro de la exposición que iba realizando y así tener constancia en su práctica fue anotando en una rejilla el miedo que sentía cada vez que repetía un ejercicio. El ejercicio de respiración lenta no lo incluyó en la programación de exposición porque le provocaba un miedo de nivel 1 tan sólo.

Ejemplo 16. *Practicando la exposición a las sensaciones corporales temidas*

Ejercicio	Repetición Nº	Miedo que le ha provocado
Levantamiento de la cabeza	1	2
	2	2
	3	1
Tensión del cuerpo	1	2
	2	2
	3	2
	4	1

DOMINAR EL MIEDO

Respiración con pajilla	1	2
	2	2
	3	1
Contención de la respiración	1	3
	2	3
	3	2
	4	1
Sacudida de la cabeza	1	4
	2	3
	3	3
	4	2
	5	1
Movimiento de peonza	1	4
	2	3
	3	3
	4	2
	5	2
	6	1
Hiperventilación forzada	1	5
	2	4
	3	4
	4	3
	5	3
	6	2
	7	1
Fijación de la mirada	1	5
	2	4
	3	3
	4	2
	5	2
	6	1

Cuando Sonia terminaba cada repetición de un ejercicio dejaba pasar unos minutos para superar el estado de miedo que le había provocado. Para ello le resultó de gran utilidad el manejo de los pensamientos catastróficos y la práctica de la respiración pausada. La relajación muscular también la utilizó en algunos casos de tensión muscular evidente.

Como puedes ver, la práctica repetida es la clave para ir agotando la ansiedad producida por cada uno de los síntomas provocados y así dominar el miedo a las sensaciones corporales.

En el capítulo siguiente encontrarás sugerencias para seguir exponiéndote a las sensaciones corporales en la vida cotidiana (ver, por ejemplo, el Cuadro 3, p. 137).

6

DOMINAR LA AGORAFOBIA

Julio C. Martín

Antes de comenzar la exposición a las situaciones de agorafobia, vamos a intensificar las sensaciones físicas mediante una serie de actividades. El objetivo inicial es que siga disminuyendo el miedo a las sensaciones físicas en otros contextos.

Puede que hayas dejado de hacer algunas cosas como consecuencia de las crisis de ansiedad o siguiendo algún consejo bienintencionado. Por ejemplo, puede que antes tomaras una taza de café para desayunar o después de comer y, a raíz de las crisis de ansiedad, hayas dejado de hacerlo. Puede que ya no juegues al fútbol u otros deportes por no poder soportar las taquicardias o la sensación de ahogo. También es posible que te emplees con cuidado o con menos intensidad que antes y que al notar cualquier sensación te pares o pidas el cambio. Otra posibilidad es que ahora realices con precaución acciones que suponen esfuerzo, como subir las escaleras con la bolsa de la compra, transportar objetos pesados, etc. Fíjate que hablamos de actividades y sensaciones, no de situaciones.

El miedo a determinadas situaciones por la dificultad para escapar u obtener ayuda lo trataremos después. Aquí nos centraremos en actividades que provocan sensaciones a cualquier persona. Por ejemplo, ver una buena película de terror, producirá miedo y cualquiera de las sensaciones asociadas a esta emoción (taquicardia, sudor, tensión, escalofrío, nudo en el estómago, etc.) Y esas sensaciones se producen por el hecho de ver la película, independientemente de que estemos en nuestra casa o en un cine. Un agorafóbico se sentirá mal por el hecho de estar en un cine (sitio cerrado lleno de gente del que salir de improviso puede resultar difícil o embarazoso). El miedo agorafóbico y la exposición a este tipo de situaciones será tratado posteriormente.

Si tienes clara la diferencia, intenta realizar Ejercicio 12. Clasifica las situaciones y actividades que se presentan como ejemplos de temor agorafóbico (A) o como actividades para provocar sensaciones (S).

Ejercicio 12. *Qué es qué*

Actividades y situaciones	Tipo
Subir rápido un tramo de escalera	
Subir en un ascensor	
Ver una película de suspense	
Ver una obra de teatro	
Entrar en una cafetería llena de gente	
Tomar una bebida energética	
Entrar en un coche que ha estado al sol	
Viajar en un coche en la parte de atrás	
Coger el autobús	
Echar una carrera para coger el autobús	
Pasear bajo un intenso frío o calor	
Alejarse da casa paseando	
Entrar en unos grandes almacenes	
Tener una discusión acalorada con un dependiente	
Bailar	
Entrar en una discoteca	

Si has comprendido el propósito del ejercicio, habrás puesto la A en las actividades 1, 3, 6, 7, 10, 11, 14 y 15 y la S en 2, 4, 5, 8, 9, 12, 13 y 16. Si repasas las actividades del primer grupo, verás que provocan sensaciones físicas *a cualquier persona*. Es decir, si alguien corre para coger el autobús, tendrá taquicardia, sudor, etc. que notará cuando se siente dentro del autobús.

Si examinas el segundo grupo, comprobarás que esas situaciones no provocan ansiedad en general. Son típicas de la agorafobia. Coger el autobús es un hecho cotidiano para miles de personas y, de por sí, no provoca ninguna reacción especial. Para un agorafóbico puede ser lo peor que le podamos pedir.

En esta primera parte, conviene que elijas sólo actividades para provocar sensaciones. Como hemos dicho antes, el objetivo es que sigas perdiendo miedo a las sensaciones.

Laura estaba viendo una película sentimental y se identificaba tanto con la protagonista que lloraba a moco tendido. Estaba congestionada, roja, retorciéndose las manos. Pasó por allí su abuela y, conmovida, le dijo: "Laura, que sólo es una película"

¿Qué le quería decir la abuela? Que adoptara **la posición de espectador**. Cuando vemos una película o un partido de nuestro equipo, a veces nos metemos tanto en el ajo, que sentimos lo que le pasa al protagonista como si nos estuviera pasando a nosotros. Parece que nos van persiguiendo o que tenemos que lanzar el penalti. Tomar conciencia de que somos espectadores hace que disminuya la implicación.

Tomar la posición de espectador consiste en llevar a cabo una actividad y observar cómo se agotan las sensaciones y los pensamientos. Si te hablaras en ese momento dirías algo parecido a "Fíjate qué taquicardia tan hermosa, cómo aumenta la respiración, cómo sube la temperatura de mi cara, debo parecer un semáforo… Mi pensamiento se dispara, mira qué gracioso, me anuncia un infarto si sigo así… Anda, ahora el corazón late más despacio, parece que mis músculos se destensan… Parece que la fiesta ha terminado, ya no siento el corazón y mi cara vuelve a estar fría, como el cristal de la ventana...". Si tú no haces nada, las sensaciones y las imágenes de peligro se agotan, se desinflan. Muchas veces cuando estamos nerviosos nos movemos de un lado para otro, damos vueltas en la cama, apretamos las manos, nos retorcemos los dedos, gritamos a los que tenemos cerca, apretamos el paso, corremos... También nos preocupamos, imaginamos posibles desastres, nos viene a la mente el peor resultado posible... Es decir, sin darnos cuenta, estamos manteniendo o aumentando las sensaciones de ansiedad. La posición de espectador consiste también en *congelar* los actos y dejar que las cosas pasen. Es como mirar las nubes que cubren el sol. Sabemos que por mucho que las animemos no van a pasar más deprisa. Si congelamos nuestros actos las sensaciones, como las nubes, pasarán. A su ritmo, pero pasarán. Ahora sabemos que las sensaciones, al igual que las nubes, no son peligrosas.

En el Cuadro 3 leerás una serie de actividades que provocan sensaciones. Elige o bien aquellas que has dejado de hacer o bien las que haces con cuidado, como con prevención. Escoge también las que estén a tu alcance y sean fáciles de llevar a cabo en tus circunstancias. El objetivo sería, igual que en el capítulo anterior, llevarlas a cabo *con toda la intensidad posible*, de forma que provoquen sensaciones claras. Recuerda que debes elegir actividades que produzcan sensaciones semejantes a las que provoca en ti la ansiedad. Después adopta la posición de espectador. No hagas nada para tratar de reducir las sensaciones. Déjalas pasar.

Cuadro 3. *Actividades típicas que provocan sensaciones físicas*

Actividades cotidianas:
Subir escaleras
Levantarse bruscamente estando sentado o tumbado
Comidas copiosas o con especias
Pasear cuando hace mucho frío o calor
Entrar en el coche cuando ha estado al sol o cuando está frío
Llevar algo muy pesado
Asomarse por el balcón o por un puente o subirse a una escalera de mano
Deportivas:
Correr, saltar, hacer flexiones, hacer un sprint...
Jugar al fútbol, al baloncesto, etc.
Tomar una sauna
Recreativas:
Ver películas de suspense o de terror
Ver un partido emocionante de tu equipo favorito
Montar en atracciones de feria (montaña rusa, giros...)
Relaciones sociales:
Discutir acaloradamente
Relaciones sexuales
Tomar la palabra en una reunión formal cuando no se tiene costumbre
Enfadarse
Tomar excitantes (si se tomaban antes o sólo como ejercicio)
Tomar una taza de café, te, chocolate
Refrescos de cola

Las tres preguntas que puedes hacerte para elegir qué actividades llevar a cabo son:

1. ¿Provoca esta actividad sensaciones parecidas a las de la ansiedad?
2. ¿Son las sensaciones de cierta intensidad?
3. ¿Aparece un cierto temor al experimentar esas sensaciones?

Si la respuesta a esas tres preguntas es afirmativa, enhorabuena. Has encontrado una actividad o varias que te sirven. Si no lo sabes, convendría que lo comprobaras. Por ejemplo, si te da miedo sentir tu corazón acelerado, cualquier actividad deportiva o que suponga un esfuerzo puede servirte. Si es sofoco o temblores, entrar en lugares calientes o fríos (sauna, coche cerrado y al sol o coche frío por la mañana o caminar con frío exterior). Si lo que sientes es sobre todo malestar en el estómago, quizás te sirva tomar comidas copiosas o con especias o montar en determinadas atracciones de feria. Si temes la sensación de inestabilidad, quizás subirte a una escalera de mano o levantarte bruscamente produzcan un efecto parecido. No te limites a las actividades que te sugerimos aquí: Se creativo.

Puedes anotarlas, igual que hacías en el capítulo anterior, anotando la actividad en una ficha y valorando las sensaciones que aparecen junto con la respuesta a las tres preguntas anteriores (intensidad, miedo y semejanza).

Auto-registro 3. *Registro de exposición a actividades*

Actividad:			
Descripción:			
Sensaciones producidas	Intensidad de la sensación	Miedo que provoca	Semejanza
Taquicardia o palpitaciones			
Mareo			
Dificultad para respirar			
Escalofrío			
Sofoco			
Gran tensión o temblor			
Otras:			
Otras:			
Puntuaciones máximas			

Esto es lo que comentaba Rosa cuando llevó a cabo una actividad (subir tramo de escalera).

Ejemplo 17. *Registro de exposición a actividades*

Actividad: Subir tramo de escaleras			
Descripción: Subir deprisa los cuatro tramos de escalera que hay hasta mi piso (2º) con la bolsa de la compra.			
Sensaciones producidas	Intensidad de la sensación	Miedo que provoca	Semejanza
Taquicardia o palpitaciones	5	4	4
Mareo	2	0	3
Dificultad para respirar	4	3	3
Escalofrío	0	0	0
Sofoco	4	0	3
Gran tensión o temblor	3	2	2
Otras: sudor	3	0	2
Otras:			
Puntuaciones máximas	5	4	4

Tras repetir esta actividad cinco días en esa semana, las sensaciones seguían apareciendo, pero el miedo bajó a 0.

Exposición a las situaciones

¿Estás dispuesto a enfrentarte a las situaciones temidas? Seguramente si has llegado hasta aquí, ya dominas la relajación, la respiración y has aprendido a modificar tu pensamiento en situaciones controladas, como las del capítulo anterior. También habrás asimilado la información sobre las crisis de ansiedad del capítulo 3, por lo que el temor a lo que pueda suceder debería ser menor.

Sin embargo si padeces una agorafobia incapacitante o de larga evolución es posible que cuando vayas a un supermercado y te pongas en cola, o cuando te alejes de casa, o cuando montes en el autobús, experimentes un "subidón" de ansiedad, como si no hubieras progresado nada. Es una falsa impresión que muchas veces descorazona a los que comienzan la exposición.

El condicionamiento es un proceso por el que se asocian determinados aspectos de una situación a las sensaciones de ansiedad y puede ser independiente de las crisis. Es decir, una serie de reacciones de ansiedad moderada en el autobús (agobio, dificultad para respirar) pueden hacer que se asocie el autobús con la ansiedad. A partir de esa asociación, nuestro organismo puede anticipar la ansiedad sólo con percibir un detalle, por ejemplo, las ventanas cerradas. La reacción de ansiedad se va haciendo más intensa (sudor, tensión leve, taquicardia, dificultad leve para respirar o tragar…) y disminuye en cuanto nos ponemos en pie para bajar, desapareciendo por completo al salir al exterior. Por tanto, el alivio que supone bajar (escape) unido a la evitación (no montar en autobús) van incrementando el miedo y estableciendo una fobia que se va extendiendo como una mancha de aceite. Primero se evita o se escapa del autobús, luego de otros lugares cerrados como probadores, ascensores, cuartos de baño, coches (sobre todo en la parte de atrás) cines, teatros… Empieza a ser incómodo cualquier lugar del que sea difícil salir, como estadios, conciertos, grandes almacenes llenos de gente, multitudes… Por último se empieza a experimentar ansiedad al salir de casa y alejarse, al estar en cola, aunque sea en el supermercado de la esquina, al estar en la peluquería (cómo salir de repente con la cabeza a medio lavar o el pelo a medio cortar…). Al final, la incomodidad de Luisa aparecía hasta en casa cuando se quedaba sola. En resumen, algunos agorafóbicos no han sufrido nunca una crisis de ansiedad especialmente intensa. Sin embargo, la evitación alcanza límites extremos.

Otras veces, el condicionamiento se produce con sólo una experiencia muy desagradable (traumática). Ramón evitaba totalmente el lugar donde tuvo la primera crisis de ansiedad. Sólo con dirigirse hacia allí o pensar que tenía que pasar cerca (una calle céntrica) comenzaba a sudar profusamente y su corazón se disparaba. Recordaba ese día con terror (sólo con imaginarlo le daba una crisis) y la evitación se había extendido rápidamente a un montón de lugares y circunstancias. Vivía pensando que le iba a dar un infarto y no se sentía seguro en ningún sitio, ni siquiera en su casa. No podía estar sólo.

Lo que te quiero poner de manifiesto, es que la agorafobia se puede gestar de diversas formas. Simplificándolo mucho, la primera es un camino largo y la segunda un atajo. Pero los dos llegaron al mismo punto: evitación de muchos lugares e inquietud al quedarse solos.

La exposición también puede hacerse de dos formas, una larga y otra corta. La larga supone colocar las situaciones de ansiedad en peldaños que hay que subir poco a poco. La he llamado *escalera de caracol*. La forma corta supone provocar una ansiedad intensa y permanecer en el lugar durante un periodo prolongado hasta que la ansiedad baje e incluso desaparezca. La he llamado *tirarse a la piscina*.

En el primer caso, los peldaños se van subiendo poco a poco y se pasa por el mismo sitio con mayor nivel de dificultad, igual que en una escalera de caracol: los escalones coinciden unos debajo de otros, pero cada vez a mayor altura. La ansiedad variará dependiendo de la severidad de la agorafobia, pero se persigue más la constancia y el cambio de estrategia, que el resultado a corto plazo. Se puede llevar a cabo solo o con la ayuda de alguna persona de confianza.

Tirarse a la piscina es como cuando nos lanzamos al agua fría de golpe. Al principio sufrimos una fuerte impresión, pero a medida que va pasando el tiempo, nos acostumbramos a la temperatura del agua. Probablemente este método es mejor si se realiza acompañado de alguien con experiencia clínica, sobre todo al principio.

Idea clave: El objetivo de la exposición es provocar un cierto grado de ansiedad y permanecer en la situación hasta que baje. No sirve exponerse sólo cuando uno se encuentra bien. No sirve la exposición que no provoca ansiedad.

Antes de empezar por cualquiera de los dos métodos, es conveniente sentarse y hacer una lista de todas aquellas situaciones que evitas o que aguantas (cuando no tienes más remedio) con ansiedad. Escríbelas en positivo, es decir, como cosas que te gustaría hacer con agrado, con tranquilidad o, como mucho, con indiferencia. ¿Estás ya sentado con lápiz y papel? Escribe también cosas que quizás nunca has hecho, pero que te gustaría hacer si no tuvieras la agorafobia o las crisis de ansiedad, por ejemplo, un viaje en avión. Al final, en esa hoja aparecerán cosas como las que ves en el Cuadro 4.

Cuadro 4. *Objetivos de mejoría en la agorafobia*

Montar en autobús
Ir a buscar a los niños al colegio
Hacer la compra
Esperar en una cola tranquilamente
Cortarme o arreglarme el pelo en la peluquería
Conducir por la autopista
Conducir por la ciudad
Caminar sólo por la calle (y disfrutar del paseo)
Coger el metro
Hacer un viaje en tren
Hacer la compra semanal en el hipermercado
Ir al campo
Recorrer el mercado de arriba a abajo
Ir a las reuniones del colegio
Ir al cine, al teatro, a un concierto...
Montar en avión
Ir al estadio a ver un partido o a los toros
Ir a la Iglesia, a misa, a una boda, bautizo...
Montar en barco
Dar el pésame

La escalera de caracol: exposición por peldaños

Para llevar a cabo una exposición por peldaños, hay que fabricar una escalera. En esa escalera cada escalón que subimos debe provocar mayor ansiedad, al menos sobre el papel. Si queremos hacer una escalera con veinte peldaños, tenemos que imaginar veinte situaciones en las que pensamos que la ansiedad va a ser cada vez mayor.

La forma más fácil de hacerlo es empezar por los extremos. ¿De todo lo que has escrito, cuál es la situación que te provoca mayor ansiedad, esa que sólo pensarlo, te pone los pelos de punta? Ese es el último peldaño. ¿En qué lugar o situación sientes una ansiedad tan pequeña que apenas te molesta? Ese sería el primer escalón.

En el ejemplo de Luisa, ella eligió como la peor situación posible "Montar en un autobús lleno de gente": 20.

El primer escalón era "Ir a comprar el pan a la panadería de la esquina": 1. Cuando ya tienes el 1 y el 20, lo más fácil es elegir aproximadamente el punto medio, es decir, el 10. Piensa ahora en una situación que te provoque una ansiedad intermedia. Luisa escribió: "Ir a comprar al mercado acompañada por una amiga".

Coge un folio en blanco o un cuaderno y escribe arriba el 20, abajo el 1 y en medio el 10. Mira el Ejemplo 18 para realizar el Ejercicio 13 de la página 150.

Ejemplo 18. *Escalera de caracol*

N° orden	Situación
20	Montar en un autobús lleno de la ciudad a la playa (60 minutos)
19	
18	
17	
16	
15	
14	
13	
12	
11	
10	"Ir a comprar al mercado acompañada por una amiga".
9	
8	
7	
6	
5	
4	
3	
2	
1	Ir a comprar el pan a la panadería de la esquina

Ejercicio 13. *Escalera de caracol*

N° orden	Situación	% Ansiedad
20		100
19		95
18		90
17		85
16		80
15		75
14		70
13		65
12		60
11		55
10		50
9		45
8		40
7		35
6		30
5		25
4		20
3		15
2		10
1		5

Si tus miedos se pueden dividir sólo en tres o cuatro grupos, parece difícil escribir veinte situaciones. Hay factores que te pueden ayudar a construir nuevos peldaños:

1. Compañía
2. Distancia y/o tiempo
3. Dificultad para escapar
4. Mecanismos de seguridad

Por ejemplo, si tus miedos sólo tienen que ver con sitios cerrados, medios de transporte y alejarte de tu casa, una forma de graduarlos es ver cómo influyen esos factores. Así pueden salirte varios peldaños, desde:

- Montar en el autobús una parada a las 11 de la mañana (distancia/tiempo) acompañado por mi hermano (compañía) al lado de la puerta (dificultad para escapar) con las pastillas en el bolso (mecanismo de seguridad).

hasta:

- Montar en el autobús un recorrido completo en hora punta, solo, sentado al lado de la ventana lleno de la gente y sin las pastillas en el bolso.

Esto exige que te plantees qué tendencia sigue el miedo: ¿Te da más miedo ir sólo que citado (haber quedado con alguien) y más que acompañado? (**Compañía**)

¿Aumenta el miedo con la **distancia** o con el **tiempo**? Alejarte 100 m. de casa es más fácil que alejarse 500 metros. Recorrer hasta la calle X en coche es fácil pero pasar hasta la zona Y (más alejada) es más difícil y hasta la zona Z (lejana), imposible. ¿Influye el tiempo? Quizás una reunión en el colegio es más fácil si dura 5 minutos (ir a recoger las notas) que media hora (explicación a los padres de la preparación el carnaval) y mucho más que dos horas (asamblea general de la APA en la que se van a tomar importantes decisiones).

¿Aumenta el miedo a medida que se hace más difícil salir (**escapar**)? Por ejemplo, ¿es más fácil en el cine, cerca de la puerta en butaca de pasillo, que lejos de la puerta en medio de una fila y lleno de gente? ¿Se produce menos miedo en la Iglesia cuando hay poca gente en el último banco cerca de la puerta o en una boda llena de gente, delante del altar, siendo tú la madrina? Como ves en este segundo caso, es mucho más difícil "escapar".

¿Cuáles son tus **mecanismos de seguridad**? Son esas cosas que te dan seguridad (falsa). Si no las llevas encima o no las tienes a mano, el miedo aumenta. Entre otras podemos enumerar determinadas pastillas (generalmente ansiolíticos) una botella de agua, toallitas húmedas, un abanico, instrucciones escritas, un libro, unas gafas de sol, la cercanía de un centro de salud u hospital, la existencia en las cercanías de alguien conocido, un amuleto… Puede ser cualquier cosa que creas que te va a servir en caso de crisis y puede tener varias funciones (disminuir las sensaciones, distraerte, ayudarte, permitirte tragar o respirar, quitarte el sol o el sofoco…)

Ten en cuenta que la misma cosa puede producir el efecto contrario a dos personas: por ejemplo, la compañía de un niño pequeño puede ser un *mecanismo de seguridad* (cualquier compañía, incluso la de un bebé, reduce la ansiedad) o una *dificultad para escapar* ("si me da la crisis, cómo salgo corriendo con este pequeñajo a rastras…"). Por tanto, no hay normas sobre los factores. Cada cual debe pensar lo que es un mecanismo de seguridad o una dificultad para escapar *para él/ella*.

Es útil poner un número aproximado a la ansiedad, de forma que cada peldaño signifique el aumento de ansiedad que experimentamos en esa situación. Como tenemos veinte escalones, podemos puntuar cada uno de cinco en cinco, desde 5 hasta 100, como si fueran porcentajes. En la tabla del Ejemplo 19 lo hemos llamado *% Ansiedad*. Ahí puedes ver cómo terminó Luisa su escalera de caracol.

Ejemplo 19. *Escalera de caracol de Luisa*

N° orden	Situación	% Ansiedad
20	Montar sola en un autobús lleno de la ciudad a la playa (60 minutos)	100
19	Montar sola en autobús varias paradas sin las pastillas	95
18	Ir al cine sola y sentarme en medio de una fila	90
17	Aguantar la reunión de la APA (una hora)	85
16	Montar en el coche de alguien que no sea mi marido (atrás)	80
15	Ir a hacer la compra al hipermercado un sábado	75
14	Ir andando yo sola al centro de la ciudad (unos 2 km.)	70
13	Montar en autobús dos ó tres paradas con Pili	65
12	Estar en una reunión del colegio cinco minutos	60
11	Llevar y recoger a los niños sola	55
10	"Ir a comprar al mercado acompañada por una amiga".	50
9	Alejarme de casa sola hasta la calle X (unos 500 metros)	45
8	Ir al cine acompañada y sentarme cerca de la puerta	40
7	Dar una vuelta a la manzana sola	35
6	Llevar a los niños al colegio acompañada por Pili.	30
5	Quedar en el mercado con Juani y mirar algo en los primeros puestos	25
4	Quedar en el colegio con Pili	20
3	Dar una vuelta a la manzana acompañada	15
2	Cruzar la calle sola hasta la farmacia	10
1	Ir a comprar el pan a la panadería de la esquina	5

> **Idea clave:** Incluye siempre en la escalera lugares y situaciones a los que vayas (o puedas ir) a diario, como comprar el pan, ir al trabajo, coger el coche, etc. Cosas que sólo se hagan ocasionalmente, como ir al cine, al teatro, al estadio, a la iglesia... deben ser complementos de lo anterior.

Llegados a este punto, habrás elaborado una lista ordenada de situaciones según el miedo o ansiedad que te provocan. Ahora conviene empezar por la que puntúa alrededor de 30% es decir de la 5º a la 7ª. ¿Por qué no por la primera? Por que la primera suele provocar tan poca ansiedad que no sirve. Si te has equivocado al valorar la situación, siempre puedes empezar más abajo. De las tres posibles (5ª, 6ª ó 7ª) elige la que puedas hacer a diario.

Cuando llevamos a cabo la exposición conviene ir apuntando los resultados en un cuaderno de anotaciones. ¿Para qué?

En primer lugar, porque te permite observar cómo suceden las cosas. La postura de espectador es muy útil para dejar que pasen las crisis. No hay que hacer nada, sólo observar lo que sucede tanto en tu mente (pensamientos, imágenes, impulsos) como en tu cuerpo (sensaciones físicas, sentimientos...).

También porque sirve para comprobar los progresos. Esto es especialmente importante cuando haya fluctuaciones –que las habrá– en tu estado de ánimo. Cuando pases unos días malos (bien por un aumento de la ansiedad, bien por estar depresivo) tus ideas tenderán a extremarse. Pensarás que no has avanzado nada, que siempre vas a estar mal, que lo tuyo no tiene remedio... Sacar en ese momento el cuaderno te permite juzgar de forma objetiva tus avances.

> **Idea clave:** ¿Por qué usar un cuaderno de anotaciones?
> 1. Me permite observar
> 2. Sirve para comprobar los progresos
> 3. Es útil para motivarme
> 4. Es útil cuando las cosas van mal, para no perder la objetividad

En el ejemplo de Luisa empezaríamos por "Llevar a los niños al colegio acompañada por Pili" (30% de ansiedad).

Es bueno, como ya hemos dicho, elegir algo que se haga a diario o casi a diario. Si pretendemos romper la asociación entre determinada situación y la ansiedad, hay que repetir varias veces la asociación entre esa situación y una reacción diferente de la ansiedad. En una primera fase, aparecerá ansiedad en esa circunstancia y lo que vamos a romper es la asociación entre esa situación y el escape o la evitación. En una segunda fase, sería bueno asociar la situación a otra emoción diferente de la ansiedad como puede ser el agrado, la tranquilidad o la indiferencia. Por ejemplo, Luisa eligió la 6ª "Llevar a los niños al colegio acompañada por Pili" porque la anterior "Quedar en el mercado con Juani y mirar algo en los primeros puestos" sólo podía hacerlo un día a la semana (el día del mercado). Además consideró que podía llevar a los niños al colegio acompañada por Pili, que era vecina y amiga, conocía su problema y estaba dispuesta a ayudar. Pensaba que eso le iba a provocar cierta ansiedad, pero se veía capaz de hacerla frente.

Lo que puedes escribir en el cuaderno es lo siguiente: Dónde vas, Con quién (sólo/a, acompañado/a o citado/a) cuál fue el mayor grado de ansiedad que sentiste (de 0 a 10) qué pensamientos te pasaban por la cabeza y cual fue el resultado.

Fecha: Dónde vas: Día (por ejemplo, 7/5/03) y "dónde vas" que lo puedes sustituir por el número de orden de esa situación en la escalera (en el caso de Luisa, 6º). Pero como irás a sitios que no están previstos, dejamos un espacio en blanco para que lo apuntes.

Con quién: ¿Quién te acompaña? S = Solo; A = Acompañado; Q = Quedar con alguien en ese sitio, pero el recorrido hasta allí lo haces sólo.

Ansiedad: Valora de 0 a 10 el grado máximo de ansiedad que sentiste. 0 significa nada y 10 una ansiedad extrema.

Pensamientos: Describe los pensamientos que te pasaban por la cabeza y la respuesta que tú les dabas en ese momento. Escribe los pensamientos y la respuesta en renglones distintos. Si no has hecho nada, si has conseguido adoptar la postura de espectador y no intervenir en tus pensamientos, anótalo en *Resultado*.

Auto-registro 4. *Registro de la agorafobia*

Fecha: Dónde vas	Con quién	Ansiedad	Pensamientos	Resultado

Con quién: S = Sólo; A = Acompañado; Q = Quedar con alguien, pero ir hasta allí sólo

Si la ansiedad no es muy intensa podrás discutir los pensamientos en el lugar y apuntar el resultado: la ansiedad disminuye, sigue igual o aumenta. Si disminuye, utilízalo como herramienta en sucesivas exposiciones. Si la ansiedad es muy intensa, es posible que te sea de mayor utilidad hacer varias respiraciones lentas y tratar de aflojar un poco los músculos. Luego conviene que discutas los pensamientos en casa. Si la ansiedad es extrema, puedes utilizar la medicación, sobre todo la primera vez, tomándola media hora antes de ir al lugar de exposición, para asegurarte de que ya está haciendo efecto al entrar en la situación. Otra posibilidad es hacer aproximaciones al objetivo. Por ejemplo, María no podía entrar en unos grandes almacenes en los que había estado trabajando. Aparte de la agorafobia, había tenido problemas con las compañeras. Aunque ya no trabajaba allí, sólo imaginar que tenía que cruzar la puerta le provocaba crisis de ansiedad. La primera aproximación fue imaginar la escena en estado de relajación hasta que dejó de dispararse la ansiedad. Luego dividimos la tarea en varios pasos que debía realizar a diario: 1) Pasar cerca (ver la puerta de entrada). 2) Llegar hasta la puerta sin entrar. 3) Entrar por la puerta y volver a salir. 4) Entrar por una puerta de la planta baja y salir por otra. 5) Subir por la escalera mecánica hasta la 1ª planta y bajar. Y así hasta subir a la 4ª y permanecer allí haciendo varias compras.

Decidimos esto porque iba a hacer la exposición ella sola. En otros casos hemos preferido "tirarse a la piscina" (ver más abajo).

La posición de espectador durante la exposición

Hay personas más activas que prefieren utilizar la respiración o la relajación activamente durante la exposición para dominar o combatir la ansiedad. Otros cambian el pensamiento y les da resultado. Otros tratan de distraerse. Esta opción no es la mejor porque implica desconocer cómo y por qué se produce la ansiedad y cómo y por qué varía de grado. La posición de espectador consiste, como ya dijimos, en observar pasivamente lo que sucede como si pudiéramos ver el comportamiento de otra persona y leer sus pensamientos. Es cómo si estuviéramos viendo una película (la ansiedad) en la que no sabemos ni qué viene después ni cuál es el final. Lo que sí sabemos, es que no nos va a producir ningún daño. Eso es lo que nos permite adoptar esta postura. El espectador sabe que no va a recibir ningún tiro. No hacemos nada, no intervenimos en el desarrollo de nuestra ansiedad. Sólo la dejamos pasar. Es como si dijéramos "A ver, que vas a hacer ahora. Fíjate que sensación de desmayo más auténtica. Voy a pasarme por la sección de colchones para caer en blando".

Ejemplo 20. *Registro de la agorafobia*

Fecha: Dónde vas	Con quién	Ansiedad	Pensamientos	Resultado
7/2/02: llevar a los niños al colegio	A (Pili)	90	Me voy a desmayar, no voy a llegar, qué vergüenza si me ven en el suelo, no podría volver a salir de casa	Llego hasta el colegio muy nerviosa, dejo los niños y me vuelvo rápido. La ansiedad baja cuando vuelvo a casa.
8/2/02: 6ª	A (una vecina)	95	Con esta vecina tengo menos confianza, mira que si me desmayo…	Igual que ayer, le pongo una excusa para irme a casa. La vecina se queda con unas amigas tomando un café. Yo soy incapaz.
9/2/02: 6ª	A (Pili)	65	Parece que me voy a desmayar, pero menos intenso que ayer	Les dejo y me vuelvo tranquilamente a casa. Ni yo misma me lo creo.

Con quién: S = Sólo; A = Acompañado; Q = Quedar con alguien, pero ir hasta allí sólo

Algunos problemas frecuentes

Vamos a revisar a continuación algunos de los problemas que más frecuentemente se encuentran nuestros pacientes en la práctica de estos ejercicios.

Confundir los pensamientos con las sensaciones

El comentario de pensamientos del tercer recuadro "Parece que me voy a desmayar, pero menos intenso que ayer" confunde la sensación de desmayo con el pensamiento. Algunas preguntas que pueden ayudarte a diferenciar entre ambos, con objeto de poderlos discutir, son: ¿qué ocurriría si pasa?, ¿qué es lo peor que puede suceder?, ¿imaginas o puedes imaginar lo que sucedería como si fuese una película? Por ejemplo, un hombre al hacerse la tercer pregunta reconocía que se veía en el suelo tirado, la gente alrededor haciendo comentarios sobre él, venía una ambulancia y le llevaba al hospital donde no podían hacer nada por salvar su vida. A continuación se veía muerto y después su entierro, con las personas que iban y los comentarios que hacían...

Los pensamientos a veces habrá que discutirlos después de que haya pasado la situación porque, durante la misma, las ideas pueden estar dominadas por la ansiedad. Por eso proponemos llevar a cabo exposición a situaciones que provoquen una cierta ansiedad. En estos casos, el pensamiento puede discutirse en la propia situación. Máxime si ya hemos practicado la producción de sensaciones y la exposición a actividades.

Todo lo que se aplicó en el capítulo 5 se puede aplicar aquí. Puede que aparezcan pensamientos relacionados con las sensaciones o dramatizaciones como las del paciente que veía su entierro. Otros tendrán que ver con el temor al ridículo: "Me veo en la calle tirado, gente a mi alrededor diciendo: 'Mira, estará borracha o drogada'". Si tuviera que volver a pasar por allí me moriría de vergüenza". ¿Sabrías replicar estos pensamientos?

- Búsqueda de evidencia: ¿Cuántas veces me he desmayado?
- Desdramatizar: ¿Qué pasa si te desmayas? ¿Es realmente tan terrible?
- Lectura del pensamiento: ¿Puedes leer el pensamiento de los demás? ¿Cuándo ves a una persona desmayada lo primero que piensas es que está borracha o drogada? ¿Has preguntado a alguien que piensa cuando ve a una persona de aspecto normal, como el tuyo, desmayada?
- ¿Realmente te morirías si tuvieras que volver a pasar por allí?

En el Ejercicio 14 encontrarás algunas distorsiones típicas durante la exposición. ¿Podrías discutirlas en el espacio de la derecha según lo expuesto en el capítulo 5?

Ejercicio 14. *Discutiendo las distorsiones durante la exposición*

Distorsiones típicas en la exposición	
A. Como hoy no he podido hacer... (salir de casa. Coger el autobús...) nunca voy a curarme	
B. En el ascensor se cerrarán las puertas, me dará una crisis tremenda y me moriré de asfixia.	
C. Como tengo esta sensación de mareo, me voy a desmayar en medio de la calle o del supermercado.	
D. Si me caigo al suelo todas las personas presentes se arremolinarán y pensarán que estoy borracha o drogada.	
E. Si hoy no consigo salir de casa o entrar en el cine... habré fracasado.	
F. Siento que no voy a poder superar mis miedos.	
G. Puesto que ayer la semana pasada lo hice, esta semana debería hacer más.	

Elegir en primer lugar una situación que produce **ansiedad extrema**

Entonces habría que crear nuevos peldaños en la escalera. Por ejemplo, supongamos que Luisa no pudiera ni siquiera salir de casa sola y cruzar la calle. Esto que parece tan simple, puede dividirse en varios pasos. ¿Se te ocurre cómo?

Recuerda los cuatro factores que mencionamos anteriormente:
1. Compañía
2. Distancia y/o tiempo
3. Dificultad para escapar
4. Mecanismos de seguridad

Hace bastantes años tuve una paciente con este problema. El primer paso fue cruzar la calle acompañada. El segundo cruzar la calle viéndome al otro lado. El tercero, cruzar sola, sabiendo que yo la esperaba dentro del edificio. El cuarto subir conmigo en el ascensor tres pisos (la consulta estaba en un tercero). El quinto subir en el ascensor, sabiendo que yo la esperaba arriba. El sexto subir en el ascensor sola. El séptimo cruzar la calle y subir hasta la consulta sola.

Estos siete pasos fueron el comienzo del fin de una agorafobia incapacitante de varios años de evolución. Vivía como habrás deducido en frente de donde yo trabajaba entonces, con una calle ancha de por medio. El segundo paso y el cuarto le costaron mucho trabajo. Era la primera vez que salía a la calle sola y no subía en un ascensor desde hacía cuatro años. El resto de los pasos fueron más sencillos. Varios años después recordaba estos dos pasos aparentemente tan sencillos como algo que cambió su vida.

El desánimo: los toboganes

A veces se suben varios peldaños deprisa y con poco dificultad. De repente parece que se vuelve atrás. Uno está peor que al principio o no puede hacer cosas que consiguió hace varios días. Entonces viene el desánimo: "Otra vez estoy igual (o peor). Esto no lo voy a superar nunca...". Parece como si subieras y bajaras toboganes.

Muchas veces creemos que la ansiedad es lineal: igual que pensamos que si sube va a subir indefinidamente, parece que si baja, debería bajar indefinidamente, como una línea recta y descendente. Pero la ansiedad es una línea quebrada: tiene dientes de sierra. Tenemos que acostumbrarnos a seguir la tendencia y a ignorar el día a día a la hora de hacer juicios. Esto se consigue mirando periodos de tiempo más largos (de un mes, por ejemplo). Es posible que este mes hayas tenido tres días seguidos muy buenos y un cuarto muy malo. ¿Significa eso que "otra vez estoy igual (o peor)" y que "esto no lo voy a superar nunca…"?

Si una tienda tiene un mal día de ventas ¿el año va a ser un desastre? Si miras periodos más largos tendrías que preguntar ¿cual es la tendencia de las ventas? Si este mes se vendió más que el mismo mes del año pasado ¿va peor el negocio sólo porque hoy haya sido un mal día? La ansiedad, como las ventas, tiene altos y bajos. Tenemos que acostumbrarnos a mirar la tendencia y a no hacer juicios de valor por el día a día. Dicho de otra forma, la ansiedad se parece más a una serie de toboganes que a una línea recta. A veces subes con mucho esfuerzo y bajas rápido. Otras veces el tobogán está al revés y recuperas terreno muy deprisa y luego continúas despacio. Subes y bajas por dientes de sierra.

El parón

Otra experiencia común cuando practicamos la exposición es ir subiendo por la escalera hasta un punto en el que nos paramos. Parece como si no pudiéramos pasar de ahí. En estos casos merece la pena preguntarse qué ventajas y qué inconvenientes conseguimos con la mejoría.

A veces mejorar significa perder la atención de alguien. Cuando tenemos agorafobia muchas veces "necesitamos" a otra persona. Su compañía y su dedicación a nosotros puede perderse con la mejoría.

Otras veces mejorar puede suponer volver a un trabajo que odiamos, o tener que hacer frente a situaciones personales que nos desagradan, como tomar la decisión de separarnos de nuestro marido o mujer. Si somos sinceros, la relación ya iba mal antes de la agorafobia, que vino a *salvar* nuestro matrimonio. La mejoría supondría tomar decisiones que hemos estado evitando.

Otras veces la mejoría puede significar tener que dejar solos a nuestros padres o a nuestros hijos (irnos de casa o dejar que los hijos se emancipen). También puede significar tener que plantar cara a un familiar al que evitábamos enfrentarnos.

Todas las situaciones anteriores tienen que ver con la dependencia y pueden frenar nuestro avance. La agorafobia puede ser como un alto en el camino y un círculo vicioso: no podemos hacer frente a esas situaciones por lo mal que estamos pero, al mismo tiempo, estar mal es como un seguro: no voy a poder hacer frente a esas circunstancias mientras esté así. La atención se ha desviado de un problema externo (separación, trabajo, emancipación…) a otro interno (agorafobia).

Tirarse a la piscina: exposición prolongada

Una forma alternativa de llevar a cabo la exposición es meterse de golpe en una situación (o varias) y permanecer en ellas durante un largo periodo de tiempo. Con esto se pretende que la ansiedad acabe bajando en ese lugar. Por ejemplo, si tenemos miedo en los supermercados, podemos ir a unos grandes almacenes y pasar en ellos varias horas comprando y viendo diferentes departamentos. Es como cuando nos tiramos a la piscina de golpe. El agua está fría y la primera impresión es intensa, pero poco a poco nos habituamos y la impresión disminuye.

Para algunas personas este método resulta imposible sin ayuda o sin un apoyo, sobre todo al principio. Pero no debe descartarse como forma de exposición cuando ya se han subido varios peldaños de la escalera de caracol.

Si contamos con el apoyo de una persona que nos de cierta seguridad, la ansiedad puede ser manejable incluso al principio. También hay que tener en cuenta que todo el trabajo realizado hasta ese punto (respiración, relajación, información sobre las crisis, discusión de los pensamientos, exposición a las sensaciones y actividades que provocan sensaciones…) puede habernos dado la suficiente confianza como para exponernos de forma prolongada. Ir hasta el cine andando (o en coche), sacar la entrada en la cola, entrar y ver la película, salir, tomar algo en una cafetería, bocatería o restaurante y volver a casa, es un conjunto de actividades de exposición que puede durar fácilmente tres o cuatro horas. La diferencia entre este enfoque y el de la escalera, es que en la escalera de caracol vamos afrontando las situaciones de ansiedad de forma gradual y aquí lo hacemos de golpe y de forma prolongada. Con este método buscamos que aparezca la ansiedad y habituarnos al lugar o situación que evitábamos. Es posible que en una exposición larga aparezcan sensaciones de ansiedad varias veces a lo largo de ese periodo. El modo de proceder es análogo al descrito en la exposición por pasos, recomendándose especialmente la postura de espectador. El no hacer nada procura a medio plazo que nuestro sistema de alarma deje de dispararse en esa situación (habituación).

Si hemos practicado la exposición en imaginación habremos imaginado que estamos en esa situación en estado de relajación muscular. Y habremos repetido esa asociación hasta que nuestro cuerpo haya dejado de responder con ansiedad ante la imagen. Es decir, habremos conseguido que nuestro organismo se habitúe a la imagen que antes nos asustaba. El procedimiento de la exposición prolongada da lugar a la habituación en la situación real (en vivo).

Para apuntar los progresos en el cuaderno se sigue el mismo esquema que en la escalera de caracol, aunque el relato de lo sucedido será más largo. Es importante anotar qué cambios en la situación produjeron aumento de la ansiedad y qué acciones por nuestra parte la redujeron. (Ver ejemplo 21).

Ejemplo 21. *La exposición prolongada*

Dónde vas	Con quién	Ansiedad	Cambios en la ansiedad (Situación y pensamientos)	Resultado
Toda la tarde en unos grandes almacenes (4 horas)	S	75 60 50	Entré mejor de lo que esperaba. Subí hasta la tercera planta. Las escaleras mecánicas me produjeron un poco de tensión, pero dejé que pasara. El departamento de rebajas estaba a tope y al meterme de lleno la ansiedad subió a 75. Pensaba que me iba a desmayar y notaba sensación de mareo. Me fui a la cafetería y esperé a que se me pasara un poco Después volví y subió la ansiedad a 60, pero ya no me fui. Estuve mirando varias cosas y cuando estaba al fondo miré la cantidad de gente que había hasta la puerta. Volvió a subir la ansiedad pero menos que antes (50). Recordé lo de la posición de espectador y no me moví del puesto donde estaba. Empecé a dejar que las sensaciones y los pensamientos fuesen solos.	Al final conseguí no irme y me sentí muy bien por esta victoria. De hecho compré varias cosas que necesitaba. Al salir la ansiedad era prácticamente 0.

Con quién: S = Sólo; A = Acompañado; Q = Quedar con alguien, pero ir hasta allí sólo

7
MEDICACIÓN PARA LAS CRISIS DE ANSIEDAD

Pedro Moreno

Las personas que sufren crisis de ansiedad, generalmente, acaban en alguna ocasión en la sala de urgencias de algún centro sanitario. Esto es totalmente lógico. Cuando uno siente que se está muriendo, o se encuentra muy mal sin saber por qué, es lógico acudir al médico para que nos diga qué ocurre. En la primera crisis de ansiedad fuerte es frecuente que el paciente desconozca lo que está ocurriendo realmente en su cuerpo. Y por esto es muy adecuado tomar alguna medicación para reducir el estado de ansiedad. Precisamente ésta es la primera intervención en la sala de urgencias: administrar algún *ansiolítico,* que es la denominación para los fármacos que tienen como principal efecto terapéutico la reducción de la ansiedad.

Como se ha comentado en otros capítulos, el problema que presenta la persona con crisis de ansiedad no es tanto el estado mismo de ansiedad como el miedo irracional que ha desarrollado ante las sensaciones corporales que acompañan a la ansiedad: taquicardia, palpitaciones, sensación de ahogo, sensación de irrealidad, sensación de desmayo inminente, etc. Los ansiolíticos tienen un poder inmediato para reducir esos síntomas en cuestión de minutos y de ahí surge su interés terapéutico en la situación de crisis.

Una vez superada la primera crisis viene el resto de tu vida. Ya nunca volverá a ser igual que antes. Y no me refiero a que sea incurable el trastorno de pánico, o que vayas a estar padeciendo crisis de ansiedad siempre. Por favor, no entiendas en mis palabras que trato de desanimarte o que intento que asumas que las cosas nunca cambiarán. Creo sinceramente que las crisis de ansiedad pueden dominarse sin medicación, aunque en ocasiones sea necesaria una ayuda medicamentosa inicial. Creo que puedes recobrar el control de tu vida si sigues las pautas adecuadas. Pero es preciso que tras la primera crisis acudas a un psicólogo especialista en técnicas de tratamiento para las crisis de ansiedad. Cuanto antes comprendas los mecanismos psicológicos que disparan tu miedo a las sensaciones corporales, más fácil será que no desarrolles ideas extrañas sobre qué te pasa y cuál será tu futuro. Es el tratamiento sin éxito el que puede mantener o cronificar el problema.

Y en este punto es preciso recordar la diferencia entre las sensaciones corporales producidas por la ansiedad o los estados de estrés y el *miedo irracional* a esas sensaciones, que complica las cosas porque genera más sensaciones de las temidas. La medicación actúa en el nivel de reducción de las sensaciones corporales, pero no trata en absoluto la fobia (el miedo irracional) a dichas sensaciones. Los ansiolíticos suprimen las sensaciones corporales asociadas al estrés y a los estados de ansiedad. Esa supresión hace que no se presente el miedo a las sensaciones y por tanto disminuyen las crisis de ansiedad, apareciendo a veces estados de sedación excesiva. Cuando se retira la medicación, tras un periodo de tratamiento suficiente como para estabilizar al paciente, pueden aparecer síntomas de rebote, si se reduce la medicación demasiado rápidamente. Sin embargo, cuando la reducción ha sido gradual y adecuada, el paciente puede quedar sin crisis de ansiedad pero en un estado un tanto precario, pues no ha aprendido nada sobre el manejo de sus crisis de ansiedad, salvo la toma de más medicación. En el caso de que pase por nuevas situaciones estresantes, es altamente probable que las crisis de ansiedad vuelvan a repetirse.

MEDICACIÓN PARA LAS CRISIS DE ANSIEDAD

Otros fármacos empleados para tratar las crisis de ansiedad son los antidepresivos. La relación entre estos fármacos y el éxito en el tratamiento de las crisis de ansiedad no termina de estar clara, pero está demostrado que producen una tasa de curación similar a la de la terapia psicológica basada en las técnicas explicadas en esta obra, si bien la tasa de recaídas tras la finalización del tratamiento es mayor en quienes tomaron sólo medicación[1].

La medicación es de utilidad para dominar las crisis de ansiedad en la medida en la que se acompañe de un tratamiento psicológico. Como único tratamiento, la medicación es un abordaje deficiente y difícilmente produce otra cosa que una cronificación de las crisis de ansiedad, sometiéndonos, por otro lado, a una serie de efectos secundarios y limitaciones en nuestra vida cotidiana que es conveniente tener presente.

Veamos a continuación con más detalle cada grupo de fármacos disponibles y los principales datos de interés para el paciente en torno a los mismos. Para elaborar esta sección se ha consultado la edición española de la última guía de tratamiento para el trastorno de pánico elaborada por la Asociación de Psiquiatría Americana[2] y la guía basada en la evidencia científica para la evaluación y el tratamiento de los trastornos de ansiedad del comité asesor de las autoridades sanitarias de Nueva Zelanda[3].

Ansiolíticos

Las *benzodiazepinas* son la principal familia de fármacos ansiolíticos empleados para el tratamiento de las crisis de ansiedad. En esta familia se incluyen, entre otros, los siguientes principios activos:

---

1. Barlow, D.H., Gorman, J.M., Shear, M.K., & Woods, S.W. (2000). Cognitive-behavioral therapy, imipramine, or their combination for panic disorder: A randomized controlled trial. *JAMA, 283*, 2529-2536.

2. American Psychiatric Association (2000). *Guía práctica para el tratamiento de los pacientes con trastorno de angustia.* Barcelona: Masson. (Original de 1998)

3. National Health Committee (noviembre, 1998). *Guidelines for assessing and treating anxiety disorders.* Nueva Zelanda: Autor.

- Alprazolam
- Clonazepam
- Diazepam
- Lorazepam
- Clordiazepóxido

La benzodiazepina que se ha demostrado más eficaz en el tratamiento de las crisis de ansiedad es el alprazolam. En los estudios científicos realizados para evaluar la eficacia del alprazolam mejoraron de sus crisis de ansiedad un máximo de 75 pacientes de cada 100. Para valorar adecuadamente la eficacia real de esa medicación, a una parte de los pacientes se les dio una cápsula *placebo* (una cápsula igual que la medicación, pero sin la medicación). De cada 100 pacientes que recibieron un tratamiento con cápsulas placebo 50 mejoraron en la misma medida que los que recibieron la medicación real. Por tanto, la diferencia entre los dos grupos fue, realmente, un 25 % de mejoría mayor en el grupo tratado con alprazolam. Esto nos da una idea, por otro lado, de la importancia de nuestras expectativas ante las crisis de ansiedad y su tratamiento, frente al efecto real de la medicación.

Los efectos secundarios de estos fármacos son: sedación, fatiga, problemas de coordinación motora, habla farfullosa, alteraciones de la memoria y debilidad. Estos efectos secundarios hacen que sea peligroso el manejo de maquinaria peligrosa y la conducción de vehículos cuando se está tomando esta medicación. En personas mayores aumenta el riesgo de caídas. Por otro lado, las personas con antecedentes de abuso o dependencia de sustancias deben evitar el consumo de benzodiazepinas por su mayor riesgo de abusar o depender de esta medicación.

Las recaídas de las personas tratadas con esta medicación son más frecuentes que si se tratan con antidepresivos o con terapia cognitivo-conductual. También parece posible que resulte relativamente difícil abandonar el consumo de estos fármacos ya que, aunque se realice de forma gradual, en la medida en la que se va limpiando el cuerpo de esta sustancia es muy fácil que aparezcan de nuevo las sensaciones corporales que temen las personas con crisis de ansiedad. Como no se ha tratado realmente el miedo irracional a esas sensaciones, sino que sólo se han reducido, lo más lógico es que se produzca la recaída.

Antidepresivos ISRS

Los *antidepresivos* son psicofármacos que inicialmente demostraron su eficacia en el tratamiento de la depresión. Posteriormente se ha comprobado que algunos de esos antidepresivos tienen una utilidad en el tratamiento del trastorno de pánico, especialmente dentro de dos familias de antidepresivos: los inhibidores selectivos de la recaptación de la serotonina (ISRS) y los antidepresivos tricíclicos.

El objetivo de los ISRS es la reducción de la intensidad de las crisis de ansiedad y su frecuencia, tratando los estados depresivos asociados. A este grupo de antidepresivos pertenecen la fluoxetina, la sertralina, la paroxetina, el citalopram y la fluvoxamina. La eficacia de estos fármacos se sitúa en torno a un 60 y un 80 % de pacientes mejorados, por lo que en algunos casos podría ser superior a la eficacia del alprazolam. Los pacientes tratados con cápsulas placebo en los estudios de estos antidepresivos mejoran en un 50 %, como ocurría con los estudios sobre las benzodiazepinas.

Los efectos secundarios de estos antidepresivos son: problemas sexuales, aumento de la ansiedad, dolores de cabeza, irritabilidad, náuseas, problemas gástricos, insomnio, aumento del sueño y temblores. Estos antidepresivos se eliminan a través del hígado, por lo que pueden ser desaconsejables para pacientes con problemas hepáticos.

En los últimos años ha habido cierta polémica sobre si estos fármacos aumentaban o no el riesgo de suicidio. Ésta es una cuestión que no se ha resuelto aún. Está demostrado que los pacientes con depresión mayor tienen más riesgo de suicidio que la población general. Lo que no sabemos es si la mejoría que producen los antidepresivos es desigual entre la vivencia depresiva y la inhibición motora o si realmente incrementan la impulsividad.

Los antidepresivos ISRS son peor tolerados al principio del tratamiento que las benzodiazepinas, especialmente por los efectos secundarios que provocan, que recuerdan demasiado a las sensaciones corporales que temen los pacientes con crisis de ansiedad. Por ello es necesario que al principio se inicie con dosis muy inferiores a las necesarias para reducir las crisis de ansiedad e ir aumentando dicha dosis de forma muy gradual hasta alcanzar la dosis recomendada.

Lo que hemos dicho para la finalización del tratamiento con alprazolam valdría en buena medida para la finalización del tratamiento con antidepresivos: la medicación resuelve el cuadro de pánico pero no da ninguna herramienta para perder el miedo a las sensaciones corporales. Si no eliminamos el miedo a las sensaciones corporales difícilmente podremos dominar las crisis de ansiedad en el futuro sin medicación. No obstante, cuando el paciente está especialmente deprimido, puede ser muy recomendable acompañar la terapia psicológica de este tipo de fármacos.

Antidepresivos Tricíclicos

Los antidepresivos tricíclicos (ATC) son un tipo de antidepresivos más antiguos que los ISRS pero que tienen muy bien establecida su eficacia en el tratamiento de la depresión y de determinados tipos de ansiedad. Actualmente son menos utilizados debido a sus efectos secundarios, que son más intensos que los producidos por los ISRS.

En este grupo se incluyen, entre otros, la imipramina, la clomipramina y la desipramina. La imipramina, que es el fármaco de este grupo que tiene mejor demostrada su eficacia, da lugar a una mejoría de entre el 45 y el 70% en los pacientes tratados. Estos pacientes presentan menos evitación fóbica y menos ansiedad anticipatoria que los tratados con placebo. La diferencia es de hasta el 20% de mejora más en los tratado con imipramina frente a los tratados con placebo. Se necesitan de cuatro a ocho semanas para que el fármaco produzca sus efectos terapéuticos; a veces es preciso doce o más semanas de tratamiento. El resto de fármacos de esta familia de antidepresivos se supone que tiene una eficacia similar, si bien no se han realizado suficientes estudios controlados para averiguarlo.

Los efectos secundarios que ocasionan son el motivo principal por el que actualmente se prefiere prescribir otros antidepresivos. Los efectos secundarios son abundantes e intensos, e incluyen, entre otros:

1. Efectos anticolinérgicos: sequedad de boca, estreñimiento, dificultad para orinar, aumento de la frecuencia cardiaca y visión borrosa.
2. Aumento de la sudoración.
3. Alteraciones del sueño.
4. Mareos y bajadas de tensión (hipotensión ortostática).
5. Fatiga y debilidad.
6. Alteraciones cognitivas.
7. Aumento de peso.
8. Problemas sexuales.

En pacientes con anomalías cardiovasculares se pueden presentar arritmias graves o mortales. Las sobredosis con este tipo de fármacos pueden causar una toxicidad cardiaca importante y provocar la muerte. Esto hace que no sea seguro tomar este tipo de fármacos cuando se asocia depresión con ideación suicida al trastorno de pánico.

Los abundantes efectos secundarios tienen un papel relevante en el tratamiento de los pacientes con crisis de ansiedad. Por una parte puede darse una mayor tasa de abandono de la medicación porque producen sensaciones corporales que pueden parecerse mucho a las temidas y desencadenar, por tanto, crisis de ansiedad. Por otro lado sólo se justifica tomar este tipo de medicación cuando aparece un cuadro depresivo asociado a las crisis de ansiedad y no se ha respondido suficientemente a otros tipos de fármacos antidepresivos.

Para finalizar con este grupo de fármacos, sólo resta añadir la idea comentada en los apartados previos: la medicación supone un alivio temporal, pero si no se erradica el miedo a las sensaciones corporales difícilmente se llegan a dominar realmente las crisis de ansiedad.

Otros fármacos

Se han ensayado un gran número de fármacos adicionales para el tratamiento del trastorno de pánico: antidepresivos (tranilcipromina, fenelzina, moclobemida, venlafaxina, trazodona, bupropión y nefazodona), anticonvulsivantes (carbamazepina, valproato, gabapentina) y un grupo heterogéneo de fármacos (antipsicóticos, beta-bloqueadores, calcioantagonistas, inositol, clonidina, buspirona). Ninguno de estos fármacos ha recibido un apoyo empírico suficiente para avalar su uso clínico en el tratamiento farmacológico estándar de las crisis de ansiedad.

Algunas conclusiones y consejos importantes

La medicación es de utilidad en el control de las crisis de ansiedad, pero debe reservarse para los casos más graves. Como primera línea de actuación en el dominio de las crisis de ansiedad es necesario una buena información sobre cómo y por qué se dan las crisis de ansiedad y realizar una terapia con un psicólogo que siga una terapia similar a la expuesta en este libro (técnicamente esta terapia se denomina "terapia cognitivo-conductual para el control del trastorno de pánico").

Recomendamos reservar la medicación para los casos más graves porque la ansiedad es una emoción normal, que no se puede ni se debe eliminar por completo. En determinadas situaciones es imprescindible un cierto nivel de ansiedad para funcionar bien y evitar peligros (p.e.: al conducir, al presentarse a un examen, al cruzar la calle, etc.). Por ese motivo es conveniente aprender a manejar la ansiedad, en la medida que sea posible, por métodos naturales como los que se enseñan en la terapia psicológica.

Sin embargo, en los casos más graves será necesario una ayuda química provisional para salir adelante. Entonces conviene realizar la terapia psicológica y tomar medicación simultáneamente. Conforme se vaya mejorando, se podrá ir retirando paulatinamente la medicación para continuar adelante sólo con la terapia psicológica, hasta mantenerse uno mismo en pleno dominio de las crisis de ansiedad, por sus propios medios, sin medicación y sin psicólogo.

Veamos a continuación algunos consejos importantes.

Si tomas medicación, no conduzcas

Aquel famoso eslogan que nos aconsejaba no utilizar el coche si habíamos bebido alcohol es totalmente aplicable aquí. Los fármacos, en mayor o menor medida, pueden producir estados de sedación y disminución de la capacidad de reacción. Si estamos sedados o faltos de reflejos es fácil que se produzca un accidente, por mero despiste o somnolencia.

No te preocupes si aparecen problemas sexuales al tomar medicación

Muchos de los fármacos que se prescriben para tratar las crisis de ansiedad tienen efectos sobre la sexualidad. En los varones pueden aparecer dificultades con la erección, eyaculación precoz o eyaculación retardada. En las mujeres es típico que se produzca una pérdida de deseo sexual y dificultades para alcanzar el orgasmo. Generalmente, cuando se finaliza el tratamiento farmacológico, todo vuelve a la normalidad.

Nunca abandones la medicación por tu cuenta, sin consultar con tu médico

Abandonar la medicación de forma brusca es peligroso. Si se ha tomado medicación de forma prolongada y en dosis altas, un abandono brusco puede ser muy peligroso y nunca debería realizarse sin la autorización facultativa. Por tanto, consulta siempre con tu médico sobre el procedimiento adecuado para reducir o eliminar el consumo de un determinado fármaco.

No te automediques nunca

Lo que no mata, no cura. Ése es un dicho común entre los médicos. Lo que significa es que los medicamentos realmente efectivos suelen ser sustancias químicas que requieren ser tratadas con respeto y sólo tomarse cuando sean realmente necesarias. Para saber si necesitamos tomar un medicamento no basta con "tener la sensación" de que se padece la misma enfermedad que mi vecina. Lo que puede ser bueno para ella puede ser fatal para mí. Por otro lado, diferentes fármacos pueden ser de utilidad en cuadros muy distintos a simple vista y, al contrario, cuadros muy similares pueden requerir tratamientos muy distintos. No es lo mismo estar triste por la pérdida de un ser querido (duelo), que estar triste sin motivo aparente y con una serie de síntomas adicionales que conforman un cuadro depresivo. No es lo mismo estar triste porque el miedo a las crisis de ansiedad ha limitado mucho nuestra vida que haber sufrido sólo una crisis de ansiedad. Cada caso requiere una valoración facultativa adecuada y el consiguiente consejo sobre cómo superar esa situación. En algunos casos tu psicólogo te recomendará una visita al médico para que valore la utilidad de añadir un tratamiento farmacológico, pero en otros casos puede que lo más conveniente sea un tratamiento psicológico únicamente.

No abuses de la mediación "bajo demanda"

En ocasiones el médico recomienda tomar determinados fármacos *sólo* cuando te pones nervioso: "Si te pones nervioso, ponte esta pastilla debajo de la lengua", dicen a veces. Esta práctica puede ser de interés en determinadas situaciones, pero no conviene abusar. El riesgo es desarrollar una intolerancia cada vez mayor a los síntomas de ansiedad y realizar una escalada en la dependencia de ansiolíticos. Si no soportas estados de ansiedad moderados y tu única herramienta para controlar la ansiedad es tomar la pastilla, al final ocurre que cada vez te tomas antes la pastilla (para no sentir ansiedad). Ese acobardamiento ante los síntomas de la ansiedad es la única lección que aprenderemos si nos tomamos una pastilla por sistema cada vez que sentimos un poco de ansiedad por encima de lo habitual. Si aprendemos estrategias psicológicas para dominar la ansiedad (como ejercicios de respiración o técnicas para modificar nuestros pensamientos productores de ansiedad) es más probable que desarrollemos un sentido de confianza y fortaleza personal ante los síntomas de la ansiedad que nos permitirán ganar la batalla final.

8

UNA VIDA PLENA Y TRANQUILA

Pedro Moreno

Hemos expuesto en estas páginas muchos de los consejos y de la información que damos a nuestros pacientes en la terapia para dominar las crisis de ansiedad. Esperamos que haya sido de utilidad para ti. No tanto porque te hayas "curado" leyendo este libro –que sería una gran noticia para nosotros– sino porque aquí se han aportado las claves para llegar a dominar las crisis de ansiedad. En muchos casos, con algo de ayuda profesional de un psicólogo que conozca este tratamiento, es posible llegar a dominar estas crisis y llevar una vida plena y tranquila, sin depender de fármacos de por vida.

A continuación repasamos los puntos críticos que debes tener en cuenta para que dominar las crisis de ansiedad sea una realidad en tu vida, día a día.

Vigila los niveles de estrés y tensión emocional

Como hemos visto, todo se inicia por el estrés y la tensión emocional que éste genera. Una vez que has desarrollado dos o más crisis de ansiedad es fácil que vuelvas a tener más en periodos de estrés, especialmente si tuviste miedo a la repetición de tus crisis. Te puede parecer como una especie de maldición pero tiene una explicación muy sencilla: el miedo a las crisis de ansiedad se refuerza con cada crisis si no hacemos nada por detenerlo. Una vez que tu cuerpo canaliza la tensión emocional haciendo crisis de ansiedad, ése va a ser el modo en el que más probablemente se presenten nuevos episodios de estrés. La persona que sufre dolores de espalda o de cabeza como consecuencia del estrés ya sabe que ése es su punto débil y que cuando llegue una época de estrés es muy fácil que acabe teniendo dolores de cabeza o de espalda.

Las vías para controlar el estrés son múltiples. Dependiendo de cómo llegas a estresarte, así deberás actuar para reducir el estrés. Si tienes un trabajo agotador, estresante, o tienes determinados problemas sin resolver que te desgastan emocionalmente, es fundamental que trates de buscar soluciones a esos problemas: revisa tus horarios, la distribución del tiempo y las responsabilidades, revisa tus prioridades en la vida (¿Vivimos para trabajar o trabajamos para vivir?), trata de ver con distancia tus problemas personales, de pareja o familiares, y busca ayuda profesional para tratar de resolverlos adecuadamente. Un matrimonio estresante, o problemas que alteran la vida familiar, pueden ser fuentes considerables de estrés y una puerta abierta a la aparición de nuevas crisis de ansiedad.

Recuerda que cuentas con la relajación muscular para aprender a descargar la tensión emocional que acumula tu cuerpo a consecuencia del estrés. Ésta es la última vía de afrontamiento porque siempre es mejor resolver los problemas que te estresan que tratar de reducir la emoción negativa que generan. No obstante, practicar la relajación es una vía muy adecuada de manejar la tensión emocional que queda libre en tu cuerpo. De ese modo puedes llegar a sentirte mucho mejor.

En momentos de estrés es fácil que se altere también la respiración y que se haga la respiración superficial o desajustada respecto de las necesidades de tu organismo, dando lugar a episodios de hiperventilación y, por consiguiente, a la aparición de los síntomas temidos: taquicardias, palpitaciones, mareos, sensaciones de irrealidad o de extrañeza con respecto al medio o a ti mismo (sensación de "volverse loco"), dolor en el pecho, etc. Recuerda que volver a una respiración abdominal y tranquila es una forma sencilla de relajar todo el mecanismo de la hiperventilación y las sensaciones corporales desagradables.

Repasa una y otra vez la información sobre el trastorno de pánico

La información que hemos aportado sobre el mecanismo de las crisis de ansiedad ayuda a tranquilizar a muchos pacientes. No obstante, es fácil que con el paso del tiempo nos "olvidemos" de lo que sabemos sobre las crisis de ansiedad y entonces resulta más fácil caer en las interpretaciones catastróficas de los síntomas. Releer una y otra vez esa información nos va a convencer de la realidad. El mecanismo de las crisis es relativamente sencillo, tan sólo es necesario creerlo para que uno empiece a notar los efectos de esa nueva forma de ver el mundo. Cuando uno tiene claro que no existe ningún peligro real y está convencido de que "sólo es ansiedad" lo que uno tiene, acaba de dar un gran paso en su dominio de las crisis de ansiedad:

- Los infartos no se producen por la ansiedad. Es necesario que haya una serie de complicaciones físicas para que se pueda producir el infarto.
- La trombosis cerebral requiere también de un estado de salud delicado y, al igual que ocurre con los infartos, una mala dieta y la falta de ejercicio físico moderado ayuda a que se desarrolle este problema neurológico.
- El derrame cerebral se produce por la rotura de una arteria cerebral, en lo cual suele influir una tensión arterial elevada. No tiene nada que ver con la sensación de que se nos podría romper una arteria en un momento de ansiedad elevada.
- Volverse loco no es algo que esté al alcance de todos. Además de tener unos antecedentes familiares suficientes, el proceso de enfermedad en los trastornos mentales con desconexión de la realidad no guarda ninguna relación con el desarrollo de las crisis de ansiedad.

Sigue practicando los ejercicios para "cambiar el chip"

La realidad no es lo que nos pone nerviosos directamente. Nos ponemos nerviosos en función de cómo interpretamos la realidad. Por eso es importante "cambiar el chip" y dejar de vernos a merced de nuestras sensaciones corporales, sin ningún control. Todo ocurre en nuestra cabeza:

- El dolor en el pecho se interpreta automáticamente como "infarto inminente" y a partir de ahí se dispara mi sensación de ansiedad (y como sabes: cuanta más ansiedad tenga, más dolor en el pecho y más taquicardia voy a tener).
- La sensación de inestabilidad o mareo se interpreta automáticamente como "estoy a punto de desmayarme" o "me voy a caer redondo al suelo en mitad de esta plaza".
- La sensación de extrañeza o irrealidad se interpreta como el principio del fin de la cordura: "me estoy volviendo loco".

En los ejemplos anteriores no tenemos en cuenta que las interpretaciones de la realidad no siempre son tan fiables como nos parecen. ¿Cuántas veces tendrías que haberte muerto de infarto si hubieses tenido uno en cada crisis? ¿Cuántas veces te habrías caído redondo al suelo si hubiera ocurrido eso en cada crisis? ¿Y cuántas veces te habrías vuelto loco si hubiera ocurrido eso en cada crisis?

Y, sin embargo, es difícil que el miedo se vaya por sí solo. Esto es así porque parece que siempre podemos encontrar alguna explicación para no haber visto el final temido, sea la muerte por infarto, la locura sin fin, o cualquier otro catastrófico final que se nos ocurra libremente. Algunas veces ocurre que te pones la pastilla bajo la lengua y la ansiedad se calma. Otras veces nos encontramos con alguien y nos relajamos sin saber muy bien por qué. Y alguna vez parece que hemos estado a punto de morir cuando de pronto todo comenzaba a pasar. Si cada vez que uno tuviese una crisis acabara como piensa que puede acabar no habría ninguna duda sobre los síntomas. Sería la gran epidemia mundial si todos los que sufren una crisis de ansiedad acabaran muertos o locos. Sin embargo, son millones de personas en el mundo las que tienen crisis de ansiedad cada día sin llegar a morir o enloquecer debido a la ansiedad.

Por eso es importante que practiques los ejercicios que hemos visto para aprender a cambiar el chip, tomando buena nota de qué ocurre en tu cabeza para poder impedir que los pensamientos irracionales tomen las riendas de la situación en plena crisis de ansiedad.

Las crisis se dominan plantándoles cara

Una buena forma de perder el miedo a las sensaciones temidas es enfrentarse cara a cara con ellas, de modo repetido. Ya sabes: la práctica hace al maestro. No es lo mismo "saber" que a uno no le va a dar un infarto, que practicar ejercicios diversos para provocar las taquicardias y comprobar que *no ocurre* nada.

Como hemos visto en el capítulo de exposición a las sensaciones temidas, éste es un paso imprescindible para llegar a dominar las crisis de ansiedad. Al principio es aceptable reducir los síntomas que temes para poder entender bien qué está pasando, para eso va bien la relajación, las técnicas de control de la respiración e incluso la medicación ansiolítica. Sin embargo, una vez que nos hemos calmado –y que ya sabemos que todo se reduce a un temor irracional a nuestras sensaciones corporales relacionadas con el estrés y la ansiedad– llega el momento de hacer frente a ese miedo irracional, exponiéndose a las taquicardias, los dolores en el pecho, los mareos, la sensación de volverse loco y, en definitiva, todas aquellas sensaciones que están provocadas por la misma ansiedad pero que nos disparan las crisis.

Las estrategias para enfrentarse a los temores son diversas, se trata de elegir la que mejor se adapte a tus necesidades en cada momento. Tú eliges el ritmo: paso a paso, como el que sube una escalera, o exposición masiva, como el que salta a la piscina. Lo importante es que te pongas una fecha para ir enfrentándote a los temores: tan rápido como sea posible y tan lento como sea necesario.

La agorafobia se controla con la práctica

El miedo a la aparición de las crisis de ansiedad puede dar lugar al desarrollo de temores agorafóbicos importantes. Entonces resulta amenazante salir a la calle, ir a grandes almacenes, sentarse en la silla del dentista, etc.

El miedo aquí es tan irracional como el miedo que sufres cuando ya sabes que tus crisis de ansiedad son sólo ansiedad. Muchas de las estrategias recomendadas para afrontar el miedo a las sensaciones corporales también son aplicables en el caso de la agorafobia. Es necesario ir haciendo frente a las situaciones temidas tan rápido como sea posible y, de nuevo, tan lento como sea necesario. Si resulta muy difícil hacer frente a las situaciones temidas, es inteligente ponerse metas pequeñas, tan pequeñas que casi parezca que no hacemos nada: si puedo ir acompañada a unos grandes almacenes durante diez minutos, puedo tratar de aguantar un minuto más, o dar un paso más, antes de abandonar el centro comercial. Lo importante es cambiar la actitud: dejar de anhelar escapar de la situación para ir quedándome más y más tiempo. Dejar de evitar las situaciones temidas para ir acercándome más y más a esas situaciones, aunque sea muy poco hoy. Mañana tendré una oportunidad de aguantar un minuto más o dar un paso más. Y si un día parece que retrocedo y que no puedo enfrentarme a lo mismo de ayer, no debo pensar que todo el esfuerzo ha sido para nada. El progreso nunca es lineal. Mi mejoría va a ser como una especie de baile con mi destino: un paso adelante, dos pasos atrás, dos pasos adelante, otro paso adelante... Es importante tener paciencia con uno mismo y no desesperar ante los pequeños retrocesos, que casi siempre son inevitables. Lo importante es mantener el empeño, mantener la dirección y seguir haciendo aquello que en un momento dado nos ayudó a seguir adelante. En muchas ocasiones, las recaídas vienen cuando abandonamos los hábitos saludables que habíamos desarrollado durante la terapia: cuando dejamos de practicar la relajación, cuando dejamos de hacer los ejercicios de respiración, cuando trabajamos sin límite, etc.

La medicación es un recurso para casos graves

La medicación para las crisis de ansiedad sólo se justifica, según los estudios científicos sobre el tema, cuando el paciente presenta un cuadro depresivo conjuntamente, o experimenta un malestar tal que es imposible la psicoterapia. En la mayoría de los casos se recomienda iniciar el tratamiento de las crisis de ansiedad con un enfoque psicológico, reservando la medicación únicamente para cuando sea necesario. En ningún caso debes tomar medicación sin haber consultado previamente con tu médico. Tampoco debes cambiar por tu cuenta las dosis de la medicación, pues corres riesgos innecesarios. Y recuerda: siempre que sea posible, es más sano tratar de dominar la ansiedad por tus propios medios –con ayuda de las técnicas que te puede enseñar el psicólogo– que aceptar tomar medicación de por vida. A largo plazo la medicación va siendo menos efectiva y sus posibles efectos perjudiciales podrían verse aumentados.

Dominar las crisis de ansiedad es posible: muchos lo hacen ya

Existe un abundante número de estudios científicos que avalan los procedimientos psicológicos explicados en este libro para el control de las crisis de ansiedad. Eso significa que muchas personas que padecían este trastorno ahora ven un mayor grado de control sobre sus miedos y pueden hacer una vida normal. Nuestra experiencia personal en el tratamiento de personas que sufren crisis de ansiedad también avala la eficacia de los procedimientos que hemos descrito. Son muchos los pacientes que se han beneficiado de los mismos a través de los años. Para que tú puedas beneficiarte tan sólo es preciso que dediques tus energías a dominar estas crisis, bajo el consejo de un psicólogo de confianza. Es altamente probable que logres dominar tus crisis de ansiedad.

Pedir ayuda es de valientes

Si crees que puedes estar sufriendo crisis de ansiedad como las descritas en este libro y aún no has consultado con un psicólogo, te recomendamos que reúnas el valor necesario para pedir esa ayuda y no dudes en hacerlo. Es más valiente el que reconoce necesitar ayuda que quien niega la realidad de su sufrimiento.

LECTURA RECOMENDADA

Título: *Superar la ansiedad y el miedo. Un programa paso a paso.*
Autor: Pedro Moreno
Año: 2002
Colección: Serendipity
Editorial: Desclée De Brouwer

Muchos pacientes que sufren crisis de ansiedad padecen al mismo tiempo, o posteriormente, otros trastornos de ansiedad. Por ello recomendamos la lectura de este libro que obtuvo la calificación de "Libro recomendado del mes de enero de 2002" y que ya ha alcanzado su tercera edición.

Se trata de un libro práctico ante todo. Un libro en el que el autor trata de resumir su experiencia profesional y los mejores hallazgos científicos sobre la ansiedad y su tratamiento. Este libro presenta detalladamente un programa paso a paso, escrito de modo claro y comprensible para que facilite al máximo al lector su puesta en práctica.

Un libro que permite conocer los distintos problemas que causa la ansiedad, y que incluyen información sobre la fobia social, el trastorno de ansiedad generalizada y el resto de alteraciones que se relacionan con el trastorno de pánico.

Un libro indicado para personas ansiosas o con miedo que sienten tensión muscular, palpitaciones, manos o pies fríos, oleadas de calor o escalofríos. O que sienten la necesidad de evitar aquellos lugares, personas o situaciones que le causan miedo o ansiedad. O que sufren por la irritabilidad, las náuseas, los vértigos, los temblores, las dudas reiteradas, los mareos o las preocupaciones excesivas.

(Extraído del prólogo de "Superar la ansiedad y el miedo".– Editorial Desclée De Brouwer.)

"… puesto que los procedimientos descritos en este libro se han probado efectivos, tan sólo resta añadir que leer este libro debería ser el camino de elección para cualquier persona que sufra trastornos de ansiedad o miedos fóbicos."

David H. Barlow
Universidad de Boston
Estados Unidos

ANEXO
SOBRE LA EFICACIA
DE LOS TRATAMIENTOS PARA
EL TRASTORNO DE PÁNICO

Son muchas las evidencias científicas que avalan la eficacia y la eficiencia del tratamiento psicológico presentado en este libro. Esto significa que una terapia realizada por un psicólogo clínico debidamente entrenado en estas técnicas de terapia tiene la mejor capacitación para ayudar a una persona que padezca crisis de ansiedad en el contexto de un trastorno de pánico.

En la Tabla 3 tienes un resumen de la eficacia de los cuatro principales tratamientos disponibles en la actualidad para el control de las crisis de ansiedad. En los tres primeros casos se trata de tratamientos farmacológicos. El último caso se refiere a un tratamiento psicológico específico para el control de las crisis de ansiedad, que es el que se ha desarrollado a lo largo de este libro. La tabla se interpreta del siguiente modo: "desgaste" se refiere al número de personas que no logran completar el tratamiento; "mejoría" se refiere al número de pacientes que, habiendo completado el tratamiento, logra una mejoría significativa; "recaída" se refiere al número de pacientes que, tras lograr la mejoría, empeoran al cabo de un tiempo de seguimiento; n_{em} es el número de pacientes que va quedando cuando eliminamos quienes abandonan (columna 1), quienes no mejoran (columna 2) y quienes recaen (columna 3). El índice de eficacia global varía entre 0 y 100, cuanto mayor es su valor más eficiente es la terapia, esto es, dicha terapia es mejor tolerada por los pacientes, los pacientes mejoran más y recaen menos.

Tabla 3. *Eficacia global de los principales tratamientos para el trastorno de pánico*[1]

Tratamiento	Desgaste		Mejoría		Recaída		Índice de eficacia global
	%	n_{rem}	%	n_{rem}	%	n_{rem}	
BZD dosis alta	10	90	60	54	90	6	6
ATC	25	75	60	45	35	29	29
ISRS	20	80	65	52	35	34	34
TCC + I	15	85	80	68	20	54	54

Nota: BZD, benzodiazepinas; ATC, antidepresivos tricíclicos; ISRS, antidepresivos inhibidores de la recaptación de serotonina; TCC, terapia cognitivo-conductual con exposición interoceptiva; n_{rem}, pacientes remanentes.

Estos resultados significan que si aplicamos un tratamiento con fármacos a 100 pacientes, en el mejor de los casos (ISRS) 20 pacientes abandonarían el tratamiento, de los 80 pacientes restantes mejorarían 52 y de estos permanecerían sin recaer 34 pacientes. En el caso de aplicar una terapia psicológica específica para el trastorno de pánico a 100 pacientes: 85 completarían el tratamiento, logrando la mejoría el 80% de esos pacientes, y permanecerían sin recaer el 80% de los pacientes que completaron el tratamiento. En números absolutos, los pacientes que reciben esta terapia psicológica abandonan menos, mejoran más y recaen menos que los pacientes que reciben tratamientos farmacológicos.

---

1. Adaptado de Schmidt, N. B., Koselka, M. y Woolaway-Bickel, K. (2004). Tratamientos combinados para los trastornos de ansiedad fóbica (pp. 103-134). En Sammons M.T. y Schmidt (Eds.). *Tratamientos combinados de los trastornos mentales. Una guía de intervenciones psicológicas y farmacológicas*. Bilbao: Desclée De Brouwer.

Títulos recomendados

Colección: Biblioteca de Psicología
ISBN: 978-84-330-2846-4
Páginas: 416
Encuadernación: Rústica
Formato: 15 x 21 cm
Edición: 2ª

David A. Clark - Aaron T. Beck
Manual práctico para la ansiedad y las preocupaciones
La solución cognitiva conductual

Compre este valiosísimo libro cuando esté listo para enfrentarse a su ansiedad y dar los pasos necesarios para superarla. En cada capítulo se ofrecen numerosas fichas para ayudar a rebajar la ansiedad en pocos días o semanas. Una excelente oportunidad de contar con consejos expertos a la hora de tomar medidas para que el futuro sea más sosegado y más feliz

Christine Padesky, coautora de *Terapia cognitiva con parejas*

Un gran regalo para cualquier persona que padezca ansiedad. Este libro de fácil lectura, escrito con calidez y sabiduría, contiene las estrategias cognitivas más actualizadas. Enormemente valioso. A buen seguro, le infundirá nuevos ánimos y esperanza.

Paul Gilbert, autor de *Terapia centrada en la compasión*

Valiosísimo y accesible recurso para los millones de personas de todo el mundo que padecen ansiedad, especialmente para aquellas que tienen ataques de pánico, temen las situaciones sociales o están atormentadas por preocupaciones constantes.

Richard Heimberg, decano de la Adult Anxiety Clinic - Temple University

Si su ansiedad está fuera de control y busca un alivio duradero, este libro es para usted. Aprenda estrategias prácticas para identificar los factores desencadenantes de la ansiedad, combata los pensamientos y creencias que conducen a la angustia, haga frente de forma segura a las situaciones que teme y libérese definitivamente de la ansiedad con un sencillo programa paso a paso.

Colección: Biblioteca de Psicología
ISBN: 978-84-330-2688-0
Páginas: 400
Encuadernación: Rústica
Formato: 15 x 21 cm
Edición: 1ª

Susan M. Orsillo, PhD - Lizabeth Roemer, PhD
Vivir la ansiedad con conciencia
Libérese de la preocupación y recupere su vida

Este libro tiene potencial para ser de gran ayuda para todas las personas que sufren de ansiedad en esta era de frenesí despiadado, aislamiento social, estrés y distracción digital perpetua. El sabio consejo de las autoras basado en su propia investigación y experiencia clínica, además de las historias reales de sus propias vidas y de las de otras personas, aportan pruebas convincentes de por qué Mindfulness es tan importante para recuperar nuestras vidas. — Jon Zabat-Zinn, PhD

Si está buscando una forma nueva de relacionarse con la ansiedad –y de sanarse–, este libro será una guía de incalculable valor. Las autoras presentan el sendero Mindfulness de manera clara y accesible. — Tara Brach, PhD

Orsillo y Roemer le muestran cómo utilizar Mindfulness para liberarse del yugo de la ansiedad y avanzar hacia el tipo de vida que quiere vivir.
— Steven C. Hayes, PhD, autor de Sal de tu mente, entra en tu vida

La ansiedad no es algo que simplemente se supera y de hecho, lo que hace la mayoría de personas para sentirse mejor –evitar las situaciones temidas, alejar la preocupación de la mente– no hace más que empeorar el problema. Susan M. Orsillo y Lizabeth Roemer presentan una nueva alternativa muy potente que puede ayudarle a liberarse de la ansiedad y a cambiar radicalmente la forma en que se relaciona con ella.

Con claridad y compasión, en este libro se describen ejercicios de Mindfulness clínicamente probados y diseñados a medida para la ansiedad en sus varias formas. Aprenda estrategias paso a paso para ganar conciencia de las sensaciones de ansiedad sin dejar que escalen, libérese de la preocupación y del miedo, y logre un nuevo nivel de bienestar emocional y físico.

Colección: Serendipity
ISBN: 978-84-330-2624-8
Páginas: 336
Encuadernación: Rústica con solapas
Formato: 14 x 21 cm
Edición: 5ª

Pedro Moreno

Aprender de la ansiedad
La sabiduría de las emociones

En los últimos años más de 25.000 lectores han buscado en los libros de Pedro Moreno respuestas para comprender su ansiedad. En esta nueva obra el autor nos sorprende con un novedoso enfoque para calmar la ansiedad. Sin duda un libro imprescindible para quienes sufren debido a la ansiedad, el miedo o las obsesiones.

"Esta obra combina eficazmente conocimientos y técnicas de la psicología científica moderna y de las antiguas tradiciones de sabiduría para ayudar al lector a superar los miedos, descubriendo en el proceso una vida más consciente, completa y saludable. Se incluyen, además, muchos ejercicios sencillos y fáciles de seguir para facilitar la deseada transformación interior".

Dr. Ronald D. Siegel, Profesor de Psicología
Facultad de Medicina - Universidad de Harvard

"… un libro ameno, didáctico e innovador, que ayudará a los lectores a afrontar sus problemas de ansiedad de manera eficaz y novedosa. Éste es el verdadero descubrimiento que Pedro Moreno nos revela en su libro: Que la ansiedad puede convertirse en un sabio guía que nos muestre el camino que conduce al autoconocimiento y a la curación."

Prof. Vicente Simón, Catedrático de Psicobiología Universidad de Valencia

Colección: ANICCA
ISBN: 978-84-330-2893-8
Páginas: 320
Encuadernación: Rústica con solapas
Formato : 15 x 21 cm
Edición: 2ª

Pedro Moreno
Abrirse a la vida
Una ayuda para los momentos difíciles basada en el mindfulness y la compasión

¿Te sientes mal desde hace un tiempo? ¿Sientes con frecuencia ansiedad, tristeza, culpa, rabia o miedo? ¿Estás así, sobre todo, a partir de sufrir cambios importantes en tu vida? ¿Te notas desbordado por todo y por nada al mismo tiempo?

Si te sientes así, este libro te puede ayudar. Su autor conoce bien lo que significa sentirse de ese modo, no tanto por su experiencia como psicólogo –que también– sino porque él mismo tuvo que enfrentarse, hace unos años, a uno de los momentos más difíciles de su vida, con toda la tristeza, la ansiedad y la rabia que eso le supuso, además del deseo insistente de olvidarse y desconectar de todos y de todo.

Afortunadamente, gracias al consejo de personas sabias, Pedro Moreno encontró que la salida de su tormenta emocional no estaba en cerrarse a la vida sino –precisamente– en abrirse a ella, aprendiendo a cultivar una actitud amable y compasiva hacia el momento presente y las emociones que lo acompañan, por amenazantes que puedan parecer.

Desde entonces, ayuda a muchos de sus pacientes siguiendo este enfoque, bien en la terapia individual o bien en los cursos que organiza periódicamente sobre cómo recuperar el equilibrio emocional.

Este libro presenta las principales ideas y ejercicios que emplea el autor, esperando que te ayuden tanto como a él y a sus pacientes.

DIRECTORA: OLGA CASTANYER
ÚLTIMOS TÍTULOS PUBLICADOS

187. *A las alfombras felices no les gusta volar. Un libro de (auto) ayuda... a los demás.* JAVIER VIDAL-QUADRAS
188. *Gastronomía para aprender a ser feliz. PsiCocina socioafectiva.* A. RODRÍGUEZ HERNÁNDEZ
189. *Guía clínica de comunicación en oncología. Estrategias para mantener una buena relación durante la trayectoria de la enfermedad.* JUAN JOSÉ VALVERDE, MAMEN GÓMEZ COLLDEFORS Y AGUSTÍN NAVARRETE MONTOYA
190. *Ponga un psiquiatra en su vida. Manual para mejorar la salud mental en tiempos de crisis.* JOSÉ CARLOS FUERTES ROCAÑÍN
191. *La magia de la PNL al descubierto.* BYRON LEWIS
192. *Tunea tus emociones.* JOSÉ MANUEL MONTERO
193. *La fuerza que tú llevas dentro. Diálogos clínicos.* ANTONIO S. GÓMEZ
194. *El origen de la infelicidad.* REYES ADORNA CASTRO
195. *El sentido de la vida es una vida con sentido. La resiliencia.* ROCÍO RIVERO LÓPEZ
196. *Focusing desde el corazón y hacia el corazón. Una guía para la transformación personal.* EDGARDO RIVEROS AEDOS
197. *Programa Somne. Terapia psicológica integral para el insomnio: guía para el terapeuta y el paciente.* ANA MARÍA GONZÁLEZ PINTO • CARLOS JAVIER EGEA • SARA BARBEITO (COORDS.)
198. *Poesía terapéutica. 194 ejercicios para hacer un poema cada día.* REYES ADORNA CASTRO Y JAIME COVARSÍ CARBONERO
199. *Abre tu consciencia.* JOSÉ ANTONIO GONZÁLEZ SUÁREZ Y DAVID GONZÁLEZ PUJANA (2ª ed.)
200. *Ya no tengo el alma en pena.* ROSSE MACPHERSON
201. *Ahora que he decidido luchar con esperanza. Guía para vencer el apetito.* JOSÉ LUIS LÓPEZ MORALES, ENRIQUE JAVIER GARCÉS DE LOS FAYOS RUIZ
202. *El juego de la vida Mediterránea.* MAURO GARCÍA TORO
203. *16 Ideas para vivir de manera plena. Experiencias y reflexiones de un médico de familia.* DANIEL FRANCISCO SERRANO COLLANTES
204. *Transformación emocional. Un viaje a través de la escritura terapéutica.* NOELIA MENDIVE
205. *Acompañar en el duelo. De la ausencia de significado al significado de la ausencia.* MANUEL NEVADO, JOSÉ GONZÁLEZ (2ª ed.)
206. *Quiero aprender... a conocerme.* OLGA CAÑIZARES, DOMINGO DELGADO (2ª ed.)
207. *Quiero aprender cómo funciona mi cerebro emocional.* IVÁN BALLESTEROS (2ª ed.)
208. *Remonta tu vuelo. Más allá de la fibromialgia hacia una nueva vida.* FÁTIMA GALLASTEGUI
209. *Vivir con el trastorno límite de la personalidad. Una guía clínica para pacientes.* ÁLVARO FRÍAS IBÁÑEZ (2ª ed.)
210. *Quiero aprender a quererme con asertividad.* OLGA CASTANYER (3ª ed.)
211. *Póker a la dieta. El juego para alcanzar tu peso ideal y mantenerlo de una forma natural y sencilla.* FEDERICA TROMBETTA
212. *Recupera tu autonomía y bienestar personal.* JOSÉ ANTONIO GONZÁLEZ SUÁREZ
213. *¿A qué he venido yo aquí? Guía para comprender y mejorar la memoria.* LAURA VERA
214. *Quiero aprender... a ser más eficiente en el trabajo.* YOLANDA CAÑIZARES GIL
215. *Vivir con una persona con Trastorno Límite de la Personalidad. Una guía clínica para familiares y allegados.* ÁLVARO FRÍAS IBÁÑEZ (EDITOR) (2ª ed.)
216. *La preocupación inútil.* LAURA VERA PATIER (2ª ed.)
217. *Esto de ser humano. Contemplando la luz a través de la herida.* BEATRIZ RODRÍGUEZ VEGA
218. *La felicidad: qué ayuda y qué no. Psicología para entendernos.* LEOCADIO MARTÍN BORGES
219. *Alteraciones de la identidad en personas con Trastorno Límite de la Personalidad. Una guía clínica para una psicoterapia colaborativa entre paciente y profesional.* ÁLVARO FRÍAS (ED.)

220. *Disfruta en escena. Y olvida tus miedos.* Elena Martín Calvo
221. *Mente plena, corazón contento. Un programa de Mindfulness y Regulación Emocional.* Gonzalo Pereyra Sáez
222. *Quiero aprender... a gestionar mi estrés.* Elena Mendoza - Carmen Castro (2ª ed.)
223. *Mi único sí. Aprendizajes de un cáncer.* Ana Cardona
224. *Altamente capaces (y divergentes).* Rafael Pardo Fernández - Luz González Rubin
225. *Las 7 tareas espirituales del duelo.* José Carlos Bermejo
226. *Otromundo. Descubrirlo, vivirlo, comprenderlo. Una guía de viaje al mundo de las personas con demencia.* Erich Schützendorf - Jürgen Datum
227. *Reactívate. Menos medicamento y más movimiento.* Antonio Jesús Casimiro Andújar - José Antonio Sande Martínez

Serie MAIOR

44. *El oficio que habitamos. Testimonios y reflexiones de terapeutas gestálticas.* A. Martín (Ed.)
45. *El amor vanidoso. Cómo fracasan las relaciones narcisistas.* Bärbel Wardetzki
46. *Diccionario de técnicas mentales. Las mejores técnicas de la A a la Z.* Claudia Bender - Michael Draksal
47. *Humanizar la asistencia sanitaria. Aproximación al concepto.* José Carlos Bermejo (2ª ed.)
48. *Herramientas de coaching ejecutivo.* Francisco Yuste (2ª ed.)
49. *La vocación y formación del psicólogo clínico.* A. Polaino-Lorente y G. Pérez Rojo (Coords.)
50. *Detrás de la pared. Una mirada multidisciplinar acerca de los niños, niñas y adolescentes expuestos a la violencia de género.* Sofía Czalbowski (Coord.) (2ª ed.)
51. *Hazte experto en inteligencia emocional.* Olga Cañizares; Carmen García de Leaniz; Olga Castanyer; Iván Ballesteros; Elena Mendoza (2ª ed.)
52. *Counseling y cuidados paliativos.* Esperanza Santos y José Carlos Bermejo (2ª ed.)
53. *Eneagrama para terapeutas.* Carmela Ruiz de la Rosa
54. *Habilidades esenciales del counseling. Guía práctica y de aplicación.* S. Magnuson y K. Norem
55. *Río, luego existo. Guía completa para curiosos, talleristas y dinamizadores de grupo. Risoterapia integrativa.* M. Rosa Parés y José Manuel Torres
56. *Fuerzas que sanan. Constelaciones sistémicas sobre enfermedad y salud.* Peter Bourquin (Ed.)
57. *Herramientas de coaching: una aplicación práctica.* Paco Yuste Pausa
58. *Ilusión positiva. Una herramienta casi mágica para construir tu vida.* Lecina Fernández
59. *Cuando nada tiene sentido. Reflexiones sobre el suicidio desde la logoterapia.* Alejandro Rocamora Bonilla (2ª ed.)
60. *Apego y psicopatología: la ansiedad y su origen. Conceptualización y tratamiento de las patologías relacionadas con la ansiedad desde una perspectiva integradora.* Manuel Hernández Pacheco (6ª ed.)
61. *Trauma y presencia.* Peter Bourquin (Ed.)
62. *Personas altamente sensibles. Claves psicológicas y espirituales.* Rafael Pardo (2ª ed.)
63. *El eneagrama, el origen. Libro de consulta.* Macarena Moreno-Torres
64. *¿Por qué la gente a la que quiero me hace daño? Neurobiología, apego y emociones.* Manuel Hernández Pacheco (2ª ed.)
65. *El corazón de la sexualidad. La revolución de los afectos.* Alberto Mena Godoy
66. *Manual para dominar los pensamientos ansiosos. Habilidades para superar los pensamientos intrusivos no deseados que nos llevan a la ansiedad, las obsesiones y la depresión.* David A. Clark
67. *Manual de Gestión emocional para médicos y profesionales de la salud. Transformar la vulnerabilidad en recursos.* Belén Jiménez Gómez
68. *Psicología transpersonal para la vida cotidiana. Claves y recursos.* E. Martínez Lozano
69. *Viaje a tu cerebro. El arte de transformar tu mente.* Rosa Casafont i Vilar
70. *Apego, disociación y trauma. Trabajo práctico con el modelo PARCUVE.* Manuel Hernández Pacheco (2ª ed.)